屈折くん

和嶋慎治

角川文庫
23330

目次

まえがき

果たして、僕に自伝を著す資格などあるのか、と思います。自伝や伝記というのは、偉大な仕事を成し遂げた人が出すものです。一方僕はといえば、ロックバンドでギターを弾いている、ただそれだけの人間です。そのバンドも、ヒットチャートの上位に入ったことなどありませんし、特別な賞をもらったこともないし、いつもテレビに出ているわけでもなく、アリーナみたいな大きなところでコンサートを行なったこともありません。業績でいうなら、僕より自伝を書くべき人間は大勢います。ただ、僕に何か誇れるものがあるとしたら、好きなことを続けるために、苦労を重ねてきた、ということです。この本をお読みになって、なんだ、お前の苦労なんて大したことないじゃないか、そう思われる方もいることでしょう。でも、僕にとってそれは大変なことでしたし、そのことによって自分は本当は何をすべきか、自分はどう生きていくべきかが分かりました。それを教えてくれた苦労と試練は、僕にとっては宝石のようなものです。好きなことをやっていられるありがたさが、しみじみと分かるようになりました。きっと、その人にはその人の苦労が待っています。

僕には、あえて損な道を選んでしまうような、要領の悪い、馬鹿なところがあります。だから、この本は馬鹿な男の話だと思って読んでください。そして、馬鹿は馬鹿なりに考えて、自分の人生の道標を見つけることができました。もうそんなに道に迷うこともないでしょう。道につまずくことはあるかもしれません。でも馬鹿は馬鹿だから知っています。人生に失敗はありません。それは試練なのです。

第一章　弘前編

幼少時代

本家とは

誕生日は呪うべきものだといったのは、正宗白鳥だった。この世にオギャーと生まれ出て、さんざん周りに迷惑をまき散らし、心中では煩悩の火に焼かれ、ほとんど苦しみもがいて生きていかねばならないのだから、あながち白鳥の言葉が間違っているとはいえない。昭和四十年の十二月二十五日、青森県弘前市という城下町に僕は生まれた。冬の寒い時期だった。クリスマス生まれなんていいですねと人はいうが、当人にとってはさほどよくもないのだった。プレゼントが一緒くたにされてしまうのは仕方がないとして、自分の誕生日に街並が華やかに飾り付けられているのが、何か遠い別世界の出来事のように思え、むしろいいようのない孤独感を覚えたものだった。

和嶋の家は、津軽藩＊の侍だった。廃藩置県の後、武士はいろいろな職業に就くことになるわけだが、和嶋では曾祖父の頃から代々学校の先生になった。本家であった。

仏壇の引き出しにしまってある由緒書によると、先祖は石川県の能登半島あたりから出てきたようで、その後津軽藩に仕官、僕で二十何代目かにあたるようだ。今の世の中に本家といわれてもピンとこない方も多かろうが、地方ではその考え方はまだ根強くある。和嶋は別にお金持ちでも藩に多大な功績を遺したわけでもなかったが、士族の矜持は確かに持っていた。そして本家の血筋を絶やさないようにするという意識が、厳然とあった。

祖母の代に跡取りが女系となった。本家であるから、婿を取る。婿養子に来た祖父の生家もまた、立派な元士族であった。縁者は役人、教員、金融関係、皆ひとかどの人物ばかりで、いまだに僕は法事の度に恐縮しきりである。祖父は小学校の校長先生であった。音楽が得意だったらしく、昭和天皇ご巡幸の折には美声をふるったとの逸話がある。少しだけ僕も祖父の血を引いたものであろう。

父は公立中学校の国語教師で、母は私立高校の化学の教師であった。昔は結婚はお見合いでするのがほとんどだから、体面の似た家同士で縁を結ぶことになる。祖父の家系がそうであるように、親戚には真面目な人が多かった。母方の家系は元豪商で、一族には医者やら農家やら表具屋やら様々の職業の人がいたが、やはりおしなべて勤勉であった。真面目というなら祖母の姉妹の嫁いだ先こそそうで、といって狭隘などころはなく、皆善良な人たちばかりであった。あの懐の深い物腰は、明治大正期に教育を受けた人特有のものでもあろう。どこのご家庭にもそれぞれの文化の薫りがした。僕はつくづく恵まれた環境で育ったのだと、今更ながらに思う。

父はしばしば、「自分は教頭や校長などにはなりたくない」と口にしていた。それは、教育委員会の偉い人になった祖父のもとにゴマをする人間が雲霞《うんか》の如く集まってきたからで、おべっかやら根回しやら、そうしたものが父の目には下劣と映ったらしい。父はその言葉通り、最後まで役職につかず退職した。

こんなことがあった。中学校に入って間もなく、僕は級長になった。よその小学校から来た生徒が、僕の全校集会の時の態度に思うものがあったらしく、「和嶋くんがいいと思います！」と元気よく推薦したのだった。帰宅して学生服をハンガーに掛けておいたところ、胸元にある級長のバッジを見て父が一言、「慎治、級長になったのか。なぜそういうことをやるんだ」。てっきり喜んでもらえると思っていたものが、父の顔は不機嫌だった。それほどに、父は偉くなるということが嫌いな人であった。

僕に長男らしく毅然としてほしかったのには違いないが、何よりも父が教えたかったのは健全さと清廉さだったろう。そして柔軟さ。マイカー時代の幕開けとともに、父も車を買った。週末ともなれば青森県内のどこかに必ず出掛け、遠くは秋田、岩手、北海道まで、よくドライブに連れて行ってくれた。目の前を過ぎ去る見知らぬ景色に、僕はワクワクしていたものだ。保育園に入る前の記憶だが、家族で山にアケビか何かを採りに行った時のこと。ふと気付くと辺りに誰もおらず、僕一人だけが笹藪のようなところにいる。木漏れ日の中、サーッと葉っぱが風にそよぐ音だけがする。ああ、人って一人なんだな、それは認識といっていいのかどうか分からないが、幼い僕はそう思ったものである。

跡取りということで、祖母には特に甘やかされて育った。保育園から帰ってくると、親にはおやつを禁じられているのに、戸棚の奥からアンパンをこっそりと出してくる。また僕が美味しそうに食べ、なくなる度におねだりするものだから、いつしか戸棚には買い置きのアンパンがたっぷりと常備されるようになった。両親が共働きなこともあり、小さい頃の夕食はもっぱら祖母が作っていた。五つ上の姉と食卓を囲む。そうすると、姉に出てくる魚は普通で、僕に出される魚は骨が全部抜き取られたもの。姉にしてみれば相当面白くなかったに違いない。跡取り息子と女の子ではなぜこうも待遇が違うのか。持って行き場のない不満の矛先は、当然僕に向けられることになる。

姉にはよくいじめられた。暗がりに連れていかれ、「お前は橋の下から拾われてきた子だ」。僕は僕でうっすら自分は特別扱いされていると感じているから、口答えするでもなく甘んじて状況を受け入れる。親戚が和嶋にやって来る。みんなが可愛がるものだから僕もはしゃぐ。一同帰った後、鬼の形相になった姉が、家内で一番暗い窓のない部屋に僕を呼び付け、「慎治ちょっと来い。あんたいい気になってるんじゃない。どうしておとなしくできないの」と延々説教を垂れる。姉は勝気で、利発な子供であった。小学校の文集には、毎年作文が載っていた。テーマは例年決まって「弟」。それが小学生の頃の姉のライフワークだった。「なぜ弟だけが可愛がられるのか」「それでも私は弟を可愛がらなくてはいけない」。子供ながらに一生懸命考え、葛藤する気持ちに解決をつけようとしている。その率直な心に、今になって文集を読み返すと涙が出そうになる。

一方、僕のほうだが、姉の暗闇の説教の成果あって、集団の中で弾けられない性格になってしまった。例えばロック・コンサートなどで皆拳を振り上げるが、あれができない。恥ずかしい。おとなしくしなくてはと無意識に制御が働いて、肩から上が上がらない。せっかくポール・マッカートニーのコンサートに行っても、みんなと一緒に「ヘイ・ジュード」が歌えない。その反動なのだろうか、ステージの上でだけは大声で歌ったり、うるさくギターを弾くことができるのだった。

保育園は、家から歩いてすぐのところに通った。和嶋の斜向かいが、太宰治が昔下宿していたという藤田さんで、保育園はその隣の隣だった。まだ姉との悶着が始まり出すか出さないかの頃だ、さぞ邪気のない子供だったろう。由緒ある保育園だったらしく、広大で美しい庭園が印象に残っている。このことは書いていいものかどうか。もう僕も五十過ぎだし、その頃の保母さんたちもお婆ちゃんになっているだろうから、差し障りはないものとする。昼寝の時間のことだった。電気の消された暗い講堂に、「慎ちゃん、慎ちゃん」と僕を呼ぶ声がする。いつもなついていた保母さんだった。静かに近寄ってきたかと思うと、そのまま別室に連れていかれ、そうして僕は二、三人の保母さんにほっぺに接吻をされるのだった。何か後ろめたいことをしているというのは子供にも分かるから、誰にも言えない。怖い。けれどもうっとりとする。やがて昼寝の時間を、待ち遠しいような、恐ろしいような気持ちで迎えるようになった。僕はしばしば人から図々しいところがあると指摘される。いったん相手に甘えられるとなると、どうやら野放図に甘えてしまうようだ。特殊な可愛がられ方をした保育園での体験が、遠因となっている気がしないでもない。

祖父が亡くなったのは、僕が小学校一年生の時だった。見たこともない盛大な葬式で、大勢の弔問客が訪れた。少しゥキウキしていたようにも思う。と同時に、これはえらいことになったと思った。どうやら和嶋の家は本家というものらしい。死ねばこうして立派な葬式を出さなくてはならず、生きているうちは寺の裏手にある先祖代々の墓をずっと守っていかねばならない。この弘前という土地で。途端に、窮屈に感じ出した。「ここで一生を終えなきゃいけないのか」。夢がなくなった気さえした。多くの子供は将来の夢に、パイロットや電車の運転手などを挙げるが、自分はそうした無邪気な世界とは無縁になった気がした。それからだ、ことあるごとに僕は祖母や母に、「本家ってなんだ」「長男は何をやるんだ」と問うていたらしい。ある時など、土手町という繁華街を母と歩きながら、「僕は当主をやる自信がない」と宣言さえしたそうだ。いうまでもなく和嶋は大地主なわけでも華族なわけでも財閥なわけでもない。津軽藩の一介の侍の末裔にしかすぎない。刀は先の戦争で持って行かれ、家に残っている士族を偲ばせるものとしては黒塗りの陣笠くらいだ。それでも、本家の長男という概念は子供の心に重く圧しかかった。僕の自由を渇望する精神は、この頃から培われたに違いない。

＊和嶋の家　和嶋家先祖代々の墓は、弘前市西茂森の禅林街というところにあります。宗派は、曹洞宗になります。本家だからなのか、お盆の墓参りは一大イベントでした。子供の頃など、親戚中の寺をくまなく回って朝から夕方までかかるものですか

ら、とても面倒に思っていました。今の墓は父が建てたものです。墓誌は、父が亡くなってずいぶん経ってから、僕が建てました。なんだかその頃から、周りの状況がよくなりだした気がします。

小学校時代

トランプ占い

和嶋の柾《マサキ》の垣根を出て右に曲がり、真っ直ぐに行くと小学校があった。桜が校章の、第二大成小学校というところだった。桜の大木が何本も植わっており、今は新校舎になってなくなってしまったが、当時は正門を入ってすぐに二宮金次郎の銅像の立つ築山があった。

その築山は学童たちのよき遊び場になっていた。周りで子供がはしゃいでいるのに、山の上では一人金次郎がしかつめらしく本を読んでいるのが何だかおかしかった。後になってわかったことだが、同窓生には作家の安岡章太郎がいたようだ。なんて田舎に来てしまったんだ、父親の仕事の都合で弘前に来た安岡は、そう思ったそうだ。安岡は小学校に馴染めなかったようだが、僕とてもけして溶け込んでいたとはいえない。低学年の頃は伸び伸びとしていたように思うが、物心のつく中学年くらいになると姉の暗黒の説教もあったりして、ほかの子供たちのように無邪気にはしゃぐことが出来なくなった。かなりの先生方が僕の祖父や父親のことを知っていることも、子供らしい行動の妨げとなった。ちょっとした失敗をやらかし、ほかの生徒なら簡単な注意で済ませられるところを、僕の場合は「和嶋先生のお孫さんなのに」と言われる。そのことに身動きの取れない気がした。

今でもそうだが、僕は実際の年齢よりも老けて見られる。子供時代*からそうで、早熟型であった。小学校を卒業する頃には、クラスで一、二番目に背が高かった。読書が好きだったから、頭だけは冴え渡って変に自意識が発達してくる。そんな子供にとって、小学校六年間の何と長かったことか。時間は永遠に続くかと思われた。

あんまり可愛げのない子供だったように思う。四、五年生の頃だったか、町内に子供会というのがあり、日曜日に公民館に集まってみんなでお菓子を食べたりゲームをしたりする。ある時遠足に行く話が持ち上がり、候補地を募ることになった。単純な子供は市内やごく近隣の場所を挙げる。おどけた子供はとんでもない外国の名前を叫んだりして、指導のお兄さんの笑いを誘っていた。僕は行けるはずもない海の向こうをいうのも馬鹿馬鹿しく思い、さりとて近場では面白くなかろうと、少し遠くはあったがキャンプで行ったことのある、下北半島の突端尻屋崎の名を挙げた。すると、さっきまであんなに笑顔だったお兄さんが急に真顔になり、「そんなところに行けると思うのか」とぷいとそっぽを向いてしまった。……おんなじ青森じゃないか。よもや海外のシリアとは思うまいに。確かに遠いけど、ロンドンやパリよりよっぽど近いだろ。よしんばシリアと勘違いされたにしても、ほかの子供の外国だったら笑うのに、なぜ僕の場合は真顔で否定するのだ……。大人びているから、お兄さんは僕のことを好いていなかったのかもしれない。その子供会には行くのをやめた。

本を読むのが好きだった。お気に入りの場所は和嶋のトタン屋根の上で、春や秋のポカポカする日射しの下だったらいつまでも読んでいられた。シュリーマンの伝記であった、遺跡の発掘に情熱を捧げるシュリーマンが、異国の街頭で客死するくだりに、ああ偉人の死とは孤独なものなんだなと、空を見上げながら恍惚となったことを覚えている。まだ純文学の機微はわからなかったから、もっぱら推理小説やSF、怪奇小説を好んで読んだ。コナン・ドイル、江戸川乱歩、星新一、手当たり次第に読み、やがてポーとラヴクラフトが不遇な晩年だったことを知ってまた陶然となった。反面、読書感想文で推薦されるような図書はまったく面白いと思えなかった。

運動はことごとく苦手であった。まず勝ち負けを争うということができない。ましてやドッジボールみたいに相手にボールをぶつける競技など、もうひたすら野蛮としか思えない。体育の時間は苦痛であった。ああ今日もドッジボールか。そういう時は早めに球に当たって、試合に参加するでもなく外野からただぼうっと動向を眺めていたものである。四年生の時に、卓球部に入れさせられた。それは、父が中学校の卓球部の顧問をやっていたからで、その息子なら当然できるだろうと入部させられたのだった。ところがさっぱり上達しない。頑張って朝練にも通ったが、ほかの子と比べても明らかに進歩が遅い。試合に出れば出たで、勝ち負けが嫌いだから、すなわち勝つ気がないから下級生にも負ける。顧問はあきれていたようだ。ある時馬鹿にしたような顔で、「なんだお前、勉強はできるんだってな」と言われた。僕のことを能無しと思っていたらしい。

父は、これが自分の親かと思うぐらいスポーツ万能だった。冬になればしょっちゅうスキー場に連れていかれる。ゲレンデを颯爽と滑降してくる父の眩しかったこと。さて、手取り足取り教えてくれるのだが、いわずもがな、遅々として上手くならない。スキー場から帰る度に、自分の息子なのにおかしい、おかしいと何度も首をひねっていた。六年生のスキー教室の時に間違いが起こった。引率の先生がたまたまゲレンデで父と顔見知りだったものだから、和嶋先生の息子さんならスキーが上手いだろうとまたもや勘違いが発生し、僕を上級者コースに入れてしまったのだ。憂鬱だった。スキー場に到着すると、信じられないほどの急斜面が待っていた。ここから滑ったら死ぬと思った。それでも無情にも順番は回って来て、膝が笑うのを抑えながら亀のように滑り出すと、「わかった、和嶋くん、滑らなくていい。君は今から歩いて中級者コースに行きなさい」。命拾いをしたと思った。失望の色がありありと浮かんだ引率の先生の顔はできるだけ見ないようにし、僕はホッとしたことである。

　小学校では運動のできる子が人気者となる。勉強ができるだけの子は、特に田舎では中心に入れない。高学年になると、一部の男子と女子が何やら秘密のサークルのようなものを作って誕生会などを開いたりしていたようだが、僕は一度も呼ばれたことなどない。活発か不活発かといわれれば、間違いなく後者のほうだった。誘われてザリガニ釣りや虫捕りに赴くこともあったが、どうも周りほど熱中できない。学友の間でプラモデルが流行ったことがあり、僕も挑戦してみたが、これも友だちほどには上手くいかない。必ずよけいな改造をしてしまって変テコなものができあがる。自分に向いているものは何なのか、さっぱり分からなかった。

　母、姉、僕の三人でトランプ占いをよくやった。母の勤め先はハイカラな感じのするミッション系の私立女子高校で、そこからルールを聞きつけてきたもののようだった。ハートは「愛情」、ダイヤは「財産」、スペードは「試練」、クラブは「才能」。まず自分の人生にとって重要な順番を決め、トランプを規定位置に並べていく。図柄に合致した枚数で、その事柄の達成度が計れるということだったと思う。姉はたいがい、才能を一番上にした。もしくは財産。下に来るのは決まって試練だった。僕は、試練、愛情、才能、財産の順。時々試練と愛情が入れ替わった。一番下の財産の位置は揺るぎない。僕としては手に入れようとしても入れられないものを上位に持ってきたつもりなのだが、姉としたらそんなわざわざ苦労をしょい込むような人生など信じられないふうだった。母は、子供ながら試練を一番上に持ってくるところなんて偉い、と褒めてくれたものだが。思えば、愛情はどうだか分からないが、ほかはほぼその通りの人生を歩んでいるのだから面白い。

試練はすぐにやって来た。四年生か五年生の夏だった、友だち同士で市民プールに行った。その時どうしたはずみか僕の海水パンツが破けてしまい、陰部が丸出しになった。さあ潜伏期リビドーの子供たちにとっては下半身の失敗は愉快で仕方がない、さんざんはやしたてる。監視員のおじさんも悪気はないだろうが、陰茎を指す特有の方言を使って、お前のペニスは大きいみたいなことを言う。そうではないのだ、その頃僕は背が伸び出していて、ただ海水パンツのサイズが合わなかっただけなのだ。しかし大きい小さい、そんなことはどうでもよろしい、とにかく子供たちは恰好の題材が見つかったというので、次の日から僕はからかいの対象となった。なかばいじめにも近いものだった。ご丁寧にも事件発生時の状態を表すあだ名までも付いたりして、いわばからかいが普遍化していった。五十歳の僕がそんなあだ名を付けられても何とも思わないが、十歳の僕は言われる度にむきになった。あれだけ乱暴なことが嫌いだったはずなのに、喧嘩もした。不思議だったのは、からかってくる子供のほとんどが、家庭や境遇に問題を抱えているということだった。具体的に書くことは避けるが、肉体面、金銭面、環境面で弱点を持っている子供ほど、僕をいじめるのだった。反対に、満たされた家庭の子供はからかいはもちろん、あだ名で僕を呼びさえもしなかった。残酷だと思った。すぐに行動に移す子供という存在が残酷だと思ったし、環境が行動を促すその構図自体が残酷だとも思った。といって、僕がむきになるのもやみはしなかったが。

六年生になったある日、担任の先生に呼ばれた。「和嶋くん、君は成績もいいから、附属中学に行ったらどうだ。落ち着いて勉強できるし、あとあとの進学を考えたらそのほうがいいだろう」。地元の弘前大学の附属中学のことで、普通は小学校から入るのだが、市立小学校からでも中学入学の際に編入できるのだった。附属中学に行けばいじめから解放される、真っ先にその考えが浮かんだが、何だかそれは逃げるようで、卑怯な気がした。「いえ先生、僕はやっぱり市立中学に行って、いろんな子たちと知り合いたいです。附属はいいところの子たちばかりな気がするんです。進学は市立中学からでもできると思います」。いじめの解決の糸口すら見つかっていないのに、トランプ占いで試練を選んだ自分は、そうすべきだと思った。何度か担任には附属の進学を勧められたのだったが、親にも相談せずその度に断った。

中学に入ってもいじめは続いた。生徒が増えた分薄まって頻度は減ったが、同じ小学校から来た連中は相変わらずだったし、念の入ったことに、よそから来た見どころがありそうな奴に、彼らが教化活動をしている現場を目撃したこともある。ずいぶん手をこまねいていたが、中学三年生になってからようやく気がついた。人は人を攻撃するものだ。そうして自分がされたくないから他人にしてしまうのだ。弱い部分を持っている人間ほど、そのことに触れられたくない分、他人への攻撃性が高まる。いじめられている自分はどうすればいいのか。怒るから、弱い部分を見せるから相手が安心してちょっかいを出してくるのだ。であるなら弱い反応を見せなければいい。次の日から、僕はからかわれても笑って受け流すようになった。無理して笑っていたのではない。そのことが腑に落ちた時点で愉快でたまらなくなり、笑うしかなくなったのだ。「あれ、つまらない。怒ってないよ」。誰かの呟く声が聞こえた。その日から徐々にあだ名で呼ぶ生徒は減っていった。ここまで来るのに五年掛かったことになる。

ビートルズと漫画とユリ・ゲラー

当時、テレビの影響力にはすさまじいものがあった。クラスでは、前の日何を見たかが主な話題。僕もテレビっ子の端くれだったには違いない、和嶋の家では、何メートル離れてテレビは見る、一日見ていいのは何時間まで、といちいち規則が決まっていた。特撮ものが人気だったが、僕はそれよりも、その頃ブームが訪れていたオカルトものにはなはだ興味を引かれた。読書傾向と似たようなものだ。心霊、UFO、雪男、放映される度に食い入るように画面を見つめた。

ある晩、『木曜スペシャル』で超能力特集が組まれた。ユリ・ゲラーというユダヤ人の青年が出てきて、様々の超能力を披露する。そして、このような能力は誰でも持っている、できないと思い込んでいるから発揮されないのだ、大人にはよりその傾向が強い。テレビの前のちびっ子諸君、君たちはまだそうした思い込みが少ないだろうから、僕と一緒に超能力を試してみよう。スプーンを曲げたい人は手にスプーンを持って、また家の中に壊れたラジオや時計など小さな機械のある人はいませんか。そういう人はその壊れた何かを持って、テレビの前に集まってください。――ブラウン管の中からゲラーは語りかけるのだった。ちょうど家に電池を入れても鳴らないトランジスタラジオがあったから、僕はそれを手に取り、テレビの前に座った。ゲラーと一緒に、「直れ」と強く念じた。すると間もなく、何事もなかったかのようにラジオは軽快な音楽を奏で出したのだった。感動した。なぜかその時茶の間には僕一人しかおらず、それが成功を引き寄せる要因となったのかもしれなかったが、とにかく超能力は本当にあるんだと、僕自身心の底から思った。

不思議な能力は、子供時分には誰しも持っているものかもしれない。近所にお菓子などを売る雑貨屋があった。当たりくじつきのアイスキャンディーを置いていて、これを僕はめっぽう当てた。姉など、慎治はよく当たりを引くというので、しばしば僕を伴って出かけたものだ。僕も嬉しいから当たる度にアイスの交換に行くわけだが、そのうち雑貨屋のおばさんが嫌な顔をしだす。しまいには僕が店に入るだけで、しかめっ面をするようになった。当たり込みのアイスの入荷であろうに、何か損をした気がするのだろう、仕方がないから当たりくじはノートにスクラップすることにした。これを全部持って行ったら相当怒るだろうな、などと思いながら。どうも、異能をふんだんに発揮すると、他人には嫌われるものらしい。こうした能力は隠して生きるべきなのだろう。使わないことにより、やがて消えてしまうにしても。

高度経済成長期が続いていた。テレビでは毎日のように新しいものが生まれ、みんなワクワクしていた。『スター誕生！』に花の中三トリオが出た時には、誰が一番可愛いかというのでクラスで議論が闘わされた。後にその座はピンク・レディーのミーちゃんとケイちゃんに取って代わられたが。僕が最初に買ったレコードは何だったろうか。みんなと同じように「およげ！　たいやきくん」に食指は動いたものの、確か「ソウルドラキュラ」だったはずだ。ホット・ブラッドなるグループによるディスコナンバー。軽快なディスコに乗せてただドラキュラの不気味な笑い声が入るだけの曲だが、ラジオで聴いて琴線に触れたのだった。やはり怪奇趣味。

高学年の時、ＮＨＫの『ヤング・ミュージック・ショー』でＫＩＳＳの武道館ライブが流された。これも興味が傾きかけたが、次の日、同じクラスの中では先陣を切って僕をからかっている奴が、「昨日のＫＩＳＳ見た？　すげー！　かっこいい！」と熱弁をふるっているのを見て、ＫＩＳＳを好きになるのはやめた。

経済的に余裕のある家の子供は、ラジカセを持っていた。僕も欲しかったが、お前にはまだ早いとのことで買ってもらえなかった。ラジオを録音したり音楽を自由に聴けたりするなんて楽しそうだな、などと思っていたら、祖母の妹から古いオープンリールを譲ってもらえた。そのおばさんは小学校の教諭をしていた方で、たぶん授業などで使っていたものだったろう。モノラルの、がっしりとしたオープンリールだった。何を入れようか。家にチャイコフスキーのレコードがあったのでそれを録音し、飽きることなく聴いた。

姉は高校に進学していた。その頃レコードはひじょうに高価なものだったから、際限もなく買うわけにはいかない。友だち同士で貸し借りするのが普通であった。ある日、姉がビートルズの『アビイ・ロード』を借りてきた。いったいなんだこれは。衝撃が走る。ビートルズがベートーヴェンをぶっ飛ばしたように、日本の歌謡曲がみんなぶっ飛んだ。特にA面の「カム・トゥゲザー」と「アイ・ウォント・ユー」、この暗い情熱はまるでポーの小説のようだ。姉がしきりに褒める「オー！ ダーリン」や「マックスウェルズ・シルヴァー・ハンマー」はやや軟弱な気がしないでもなかったが、それにしても素晴らしい。B面のめくるめくメドレーもいまだかつて聴いたことがないものだ。早速オープンリールに録音し、さあそれからは病気にかかったように四六時中耳を傾ける始末。姉の借りてくるレコードだけでは追いつかず、僕もおこづかいを貯めてビートルズのレコードを買うようになった。

そのうち、楽器が弾きたくなってくる。ちょうど家に、姉がほったらかしにしたままのガットギターがあった。姉が欲しかったのは、荒井由実や小椋佳、アリスみたいなフォークギター。それなのに親が買い求めてきたのは中古のガットギターだったから、あたしが弾きたいのはこんなんじゃない、とばかりに投げ捨ててあったのだ。もはや誰が触る懸念もないからそれにフォークギターの弦を張り、さて思った。僕は左利きだが、果たしてどちらでギターを弾くべきだろうか。ポール・マッカートニーみたいにやはりぎっちょ側だろうか。いや待てよ、今後友だちから借りることもあるだろうし、右利き用ならどこにでも置いているだろう。僕はさほど悩まず、右手でギターを弾くことにしたのだった。ほこりをかぶったコードブックがあった。これがCか、これがGか、これがF……音が出ない。もうどうやっても出ない。ああ、やっぱり自分はスキーや卓球みたいに、何の才能もないんだなあ。ふと、プラモデルでやっていた変テコな改造のことを思い出し、一フレットの指板を削ってみる。ミン。「ノルウェーの森」みたいな音だったが、かろうじて鳴ったのだった。

とにかくビートルズが好きだった。解散して十年も経っていたから、父には「こんな古い曲を聴くのか」と言われたりしたけれども、僕にはほかのどんな音楽よりも新鮮に聴こえた。もう中学に入った頃だったかもしれないが、青森市でビートルズの映画が上映されるというので、父にねだって姉と一緒に車で出かけたこともある。——

どうも姉のことをよく書いてこなかったように思うが、実際のところは弟思いの、優しい姉であった。だからこそ、何かと僕に気を揉んでくれたのだ。――映画は、『シェアスタジアム』と『マジカル・ミステリー・ツアー』の二本立てだった。学校には、英語も分からないのに「カム・トゥゲザー」を鼻歌で歌いながら通う毎日だった。

テレビの話が出たから、次は少し漫画について触れようかと思う。当時は今以上に少年漫画誌がしのぎを削っていた。ちょうど手塚治虫が奇跡の復活を遂げた頃だ。メインカルチャーが好きな子どもは『少年ジャンプ』や『少年マガジン』を買い、そうでない子は『少年サンデー』か『少年チャンピオン』を買った。僕はジャンプの提唱する「友情」「努力」「勝利」がどうも肌に合わず、周りで誰も読んでいないサンデーを買うことにした。どうしても、基本的にマイナー志向である。サンデーの中では『赤いペガサス』(車もの)、『できんボーイ』(ギャグマンガ)なんかが好きだった。ところが本当はチャンピオンが読みたいのである。しかし簡単に宗旨を捨てるわけにもいかず、もう『ブラック・ジャック』と『がきデカ』の続きが読みたいばっかりに、毎週チャンピオン教の友人の家に通った。我慢できない時には、何か罰則があるわけでもないのに、人目をはばかるようにしてこっそりとチャンピオンを買った。隠れキリシタンの気分だった。単行本においては宗派の縛りもゆるいように思われ、これでもかとチャンピオンコミックスを買い求めた。全巻持っていたのは『魔太郎がくる!!』『カリュウド』などの復讐もの。いじめられていたから、怨みを晴らす物語にカタルシスを感じていたのだろう。

かまぼこ屋の息子が、トキワ荘をやると言い出した。みんなでインクとペンと紙を持ち寄って、漫画を描こうというのだ。漫画ってさ、ただの画用紙に描くんじゃないんだぞ、ケント紙ってものを使うんだってさ。みんな夢を見るようにしてかまぼこ屋に集まった。僕も座卓の前にちょこなんと座り、あっと言わせる物語をつむいでやろうと意気込んだ。一コマ目に、赤塚不二夫の『いたいけ君』みたいなキャラクターを描き、「僕は○○君です」とフキダシにペンを走らせた。その続きがさっぱり出て来ない。ふと辺りを見回すと、みんな飽きるかしてめいめい勝手に漫画なんかを読んでいる。才能の道は険しいのだった。

かまぼこ屋の息子は、どちらかといえばいじめられる側の人間だった。僕に限っては、不測の事態とはいえいちおう原因があったから致し方ないが、彼の場合は特に何か理由があってのことではなかった気がする。ただ訳も分からず、たまにいじめられていた。強いて挙げるなら、彼にはいかにもボンボンといった感じの我がままでお調子者の一面があり、そのことぐらいだったろう。親友というのではなかったが、ほかの人のように彼は僕をいじめるでもなく、同病相憐れむで時々遊んだ。一日トキワ荘を考案するなど、財力にものを言わせはするがみんなを楽しませようとする、優しいところのある子供だった。早くに亡くなったと聞いたが、彼が理不尽にいじめっ子にひっぱたかれ、ベソをかいているのを見ておきながら、「おいやめろよ」と止めに入れなかった自分が残念でならない。

＊子供時代　子供の時分、夜蒲団の中に入る度に、思うことがありました。いったい僕はどこから来たんだろう。こう思っている僕は、いったい誰だろう。死ぬってなんだろう。死ねば、考えることもできなくなるのかな。もう子供も子供の頃のことですから、生活の心配などありません。そんなことばかり考えて、いつも眠るのが怖くなっていました。哲学者というのは、そうした誰しも子供の頃に抱く疑問を、大人になってもまだ持ち続けている人のことをいうのかもしれません。

中学校時代

ロックの洗礼

中学に入って最初の試験でクラスで一番を取り、驚いてしまった。自分は馬鹿ではないがすこぶる頭がいいわけでも、ましてやスポーツ音痴なのだから駄目な子供だぐらいに思っていたので、なおさらだった。後ろから大勢の生徒に追っかけられているような、ヒヤリとしたものを感じた。何が何でもこの位置を死守するとの気概は持てなかったが、これからの三年間のことを思うと、憂鬱なような、重苦しい緊張感に包まれたのを覚えている。

弘前市立第三中学校は、東北一のマンモス校だった。全校生徒三千人あまり、僕の学年で十五クラスあった。このぐらいいると一つの町のようなもので、知らない顔の中にちらほら見知った顔が交じるという状態、それが三年経っても続いた。旧日本軍の官舎を改装したとの校舎で、校風も全体に軍隊式だった。

とにかく当時は不良が多かったから、そうでもしないと規律が守れなかったのだろう。軍隊上がりの教師も何人かおり、その義足を引きずって廊下を歩く様は、死線を潜ってきた者にしか出せない鬼気迫るものがあった。僕が進学を拒んだ附属中学は長髪可だったが、市立の中学校は原則として男子は丸刈り。刈ったばかりの坊主頭に、春の東北の風は冷たかった。

一年生の一学期に、どうした弾みか級長になったのだった。級長会議をやるというので、放課後指定された教室に向かった。その時の議題はまったく覚えていないが、たまたま隣に座った一年五組の級長が、音楽は何が好きかと聞いてくる。ビートルズ、と三組の僕が答えると、キング・クリムゾンは知ってるか、とくる。「いや、知らない」「だったらこれから聴かせてあげるよ」。そのまま会議を終えるが早いか、彼の家に向かった。パイオニアの四チャンネルのステレオで、一年五組の級長がかけてくれた『クリムゾン・キングの宮殿』――凄まじかった。呆然とした。宮殿は『アビイ・ロード』をチャートから蹴落としたことで有名だが、瞬く間に僕の頭の中でも順位が入れ替わった。この震える感じはなんだろうか。うまく概念化できなかったが、おそらく狂気と叙情のコントラストに戦慄していたのだ。ロックの奥深さを思い知った。その後彼から何枚もクリムゾンのアルバムを借りたのは、いうまでもない。

まるで綿に水が浸み込むように、いろんな音楽が体に入ってきた。姉がディープ・パープルの『マシン・ヘッド』を借りてくる。なんて激しくてソリッドでカッコいいんだ。すぐさまおこづかいで別のアルバムを買い、一時期はパープルばっかり聴いていた。するうち、今度はロックの楽器が弾きたくてたまらなくなる。ギターはFコードからそれほどの進捗を見せず、なかば諦めかかっていたが、ならばベースはどうだろう、弦も四本だし簡単そうだ、貯めていたお年玉を全額出し、足りない分は親にねだって、初めての自分の楽器、ベースギターを手に入れた。それまで本気で物事に取り組んだことはなかったのかもしれない。頑張って買っただけあってけして投げ出しはせず、「スモーク・オン・ザ・ウォーター」の真似事ぐらいならできるようになった。

FMラジオはいろいろな音楽が流れるから、姉のお下がりのラジカセでよく聴いていた。ある夜、レッド・ツェッペリンがかかった。気持ち悪かった。悪魔の音楽だと思った。しかしきっと悪魔がそうであるように、たとえようのない魅力を感じた。ことにジミー・ペイジのギターの生々しさ、奇抜さ、美しさ。僕が本当に弾く楽器はこれだと思った。もう一度ギターに挑戦しよう。ガットギターにエレキの弦を張り、テレホンピックアップを付け、ラジカセにつないでみたが物足らない。お年玉は使い果たしているので、新しくエレキギターは買えない。学区の都合で別の中学に行っている保育園来の友人泉くん、確か彼が持っているのじゃなかったか。彼はこの頃フォークギターに目覚めたとの話で、エレキには触ってもいないはずだ。ほとんど永久貸与ぐらいの勢いで、往年のエレキブームを偲ばせる、不思議な形をしたギターを借りつけるのに成功した。まずもって弾きたい曲は「天国への階段」だった。初心者の課題曲にしては手強すぎるが、コードにアルペジオにギターソロと、すべての要素が詰まっていたし、これをクリアすればだいぶ応用が利くとの目算があった。雑誌に掲載されていたタブ譜と首っ引きで練習し、かろうじてものになるまでに丸三カ月かかった。中二の頃のことだった。

図書局とギター

中学では強制ではなかったが、何か一つ部に入るのが当たり前とされた。同じ仲間として認めてもらうには必須だったし、それが運動部であればなおのことよいのだった。一方僕は卓球やスキーの件もあり、もうスポーツはこりごりだと思っていた。女の子にモテないかもしれなかったが、そんなことより、ボールを自在に操ったり、他人を負かしたりすることに意義を見出す活動に、自分が向いているとはどうしても思えなかったのである。僕は地味な文化部でいい。本が好きだから図書局に入った。図書局は厳密にいえば学校運営、生徒会の範疇だが、部活動としても認めてもらえた。文化部の頂点にブラスバンド部がいるとして、その下に美術部、合唱部、新聞部、放送局、書道部ときて……おそらく地味さ加減では図書局は園芸部に匹敵するものだったであろう。やることは図書館の管理。分類カードの整理をしたり、貸し出しのチェックをしたりする。おとなしい人が多く、放課後図書館に行くとホッとしたものだ。ある程度の作業を終えた後は、お菓子を食べながらだべるか、めいめい読書にいそしんだ。西日の射す図書館で、静かに本を読む時間は幸福だった。

ほかの部のように何か稽古をするわけではないから、帰宅時間は早かった。僕にとっては、それからが練習時間だった。毎日毎日ギターを弾いた。目に見えて上手くなりはしなかったが、しつこく反復するうちに、それまでできなかったフレーズがある日突然弾けているという塩梅だった。練習は実る。そのことが分かると、ますますギターを弾くのが面白くなってくる。さすがに泉くんからずっと借りっぱなしではまずいと、級友のお兄さんがエレキを手放すというので、それを安く譲ってもらった。レスポールのコピーモデルであった。

あれはいつの夏休みだっただろう。テレビで「マイ・シャローナ」がかかっていたから、やはり中二の頃かもしれない。昼から起きてギターの練習をし、晩御飯を食べちょっとだけテレビを見て、また二階へ上がってギターを弾く。ここからはストラップをつけての練習だとばかりに立って弾いたらこれがまた面白く、興に乗って体を動かすうちに白々と夜が明けていた。「慎治、お前いったい何してるんだ」。あきれた顔で僕の部屋のふすまを開けた父の姿が、忘れられない。

ロック鑑賞会

国語の教科書に、安岡章太郎の『サアカスの馬』が載っていた。周囲に馴染めず、学業もぱっとせず、スポーツもからきし駄目という少年の物語。運動場では競技を遠巻きに眺め、ドンマイドンマイ。蔑まれたり仲間外れにされたり、心に苦しみを感じる度に、まあいいや、どうだって。まるで自分のことのように思えた。しかし、このようにやる気のない少年の話がなぜ教科書に載っているのかと、いぶかしくも思った。少なくとも『少年ジャンプ』にはこんな男の子は出てこない。人間にはいろんな生き方がある、スポーツが駄目でもいいじゃないか、勉強ができなくってもいいじゃないか、そうした励ます意図があってのことだろうか。いずれにしろ僕は感銘を受け、文学っていいなあと思った。普通ならお話にならないような話が、作品になる。通り一遍ではない多様性、豊かな教訓がそこにはあると思った。まあいいや、どうだって。僕がいじめから脱出するにあたって、笑って受け流すという話は先に書いたが、『サアカスの馬』がそのヒントになったことは確かである。教科書に載りながら教科書的ではない安岡の小説は大いに気に入り、中学にいる間に当時出版されているものはほとんど読んだ。

さて人間の多様性だ。中学生にもなると自意識が相当発達してくる。いかに人から抜きん出るか、いかに人と違うかが大きなテーマとなってくる。勉強やスポーツで輝けない子供の一部は不良になる。僕もやっぱり人と違ったことをするのに腐心していた気がする。ロックを聴いてエレキギターを弾いていたのも、その表れだったろう。エレキギターに関しては、上の学年まではけっこういたようだが、僕の学年ともなると千人いながら、まともに弾いていたのは数人、いやたぶん僕一人だった。そのかわり松山千春の大流行もあり、フォークギターを持っているのはクラスに何人もいた。

変わった恰好もしたくなる。コンバースのバスケットシューズなんかも買ってはみたが、それじゃあみんなとおんなじだ、放課後には下駄をはいた。自転車のペダルが下駄の歯にはさまって何度も転んだが、そんなことではくじけない。ある時、急にもんぺがはきたくなった。これなら誰ともかぶらないだろう。母に頼み込んで、子供の頃着ていた着物をほぐし、新たにもんぺを縫ってもらった。そのもんぺをはき、足には下駄、背中にはエレキギターを背負い、颯爽と友だちの家に遊びに行くのだった。

泉くんの家にはちょくちょく行った。彼のフォークギターの腕前はすでにいっぱしのものになっていて、僕がベースをかじっていた頃から、よく揉んでもらっていた。今や僕のエレキも上達した、ぜひ彼に披露しなくてはなるまい。泉くんはアリスのシンパであった。果たせるかな、アリスとレッド・ツェッペリンでは今一つ嚙み合わない。泉くんが言った。「和嶋、うちの学校の友だちん家で、時々ロック鑑賞会をやってるみたいだよ。お前そこに行ってみたら」。渡りに船と思った。なにしろ三中では楽器を合わせてくれる人はもちろん、ロックを語れる人間もほとんどいないのだった。五組の級長とはまだ友情が続いていたが、クリムゾンのレコードは実は彼のお兄さんのもので、彼が本当に好きなのは松山千春なのだった。「絶対に行くよ！　どこでやってるの」。泉くんから場所を聞きつけ、僕は期待に胸を弾ませた。

次の日曜に、教えられたお宅へうかがった。それは、隣の第四中学校の生徒の集まりだった。お菓子を食べながら、持ち寄った洋楽のレコードをかけ、みんなで聴く。

なんて素晴らしい集会だろうと思った。初対面の人たちばかりだったが、僕は物怖じもしなかった。保育園の接吻事件に起因する臆面のなさが、ついに花開きだしたのだろう。お昼に集まって日が暮れるまで、ずっとレコードを聴いていた。僕がギターを弾くという話をすると、彼らもまた弾けるという。なんて話が合うんだ。

ロック鑑賞会が開催される度に、僕は欠かさず通った。女の子が交じっているのもよかった。違う学校の女生徒というだけで、何か眩しく、新鮮に思えた。たまにひょろっとした優しい顔をした男子が現れて、それが鈴木研一くんだった。みんなにスズケン、スズケンと愛称で呼ばれる彼は、人望もあるらしかった。スズケンはたいがいKISSのレコードを持ってきた。小学校時代のいじめっ子が推していた件があるから、KISSにはあまりいい印象はなかったが、あらためて聴くとリフはしっかりしているし、キャッチーだし、奇抜な恰好をしているし、これは万人受けするぞと思った。かけるレコードがなくなると、楽器を弾ける者たちで音を合わせたりした。スズケンは、まだその輪の中には入って来れないようだった。

僕らはおとなしい部類の中学生だった。後に進学校に入った際、ロック鑑賞会のメンバーのほとんどが同じ学校にいた。そして四中も三中同様、乱暴者が多かったようだ。かつての田舎の中学とはそうしたものかもしれないが、精神は未発達なのに体だけは大人になってくるから、我慢の効かない連中はやたらと実力行使に訴えかけてくる。運動会ともなれば恐怖であった。騎馬戦で足を蹴られる。棒倒しで殴られる。毎年僕を目がけてまっしぐらに走ってくる生徒がいて、あっ、来たなと思う。僕は殴り返せないから、ただサンドバッグのようにやられるがままである。

しかし、僕は暴力を完全否定するものでもない。体罰があるのは致し方ないと思っている。殴られれば痛いということを教えるには、殴るしかない。いけないことをして、言葉でいって分からなければ、体に教えるしかない。ことに判断力や認識力に乏しい子供のうちには。三中では体罰は普通であった。基本はビンタで、さらに男の先生は竹刀や棒など、体罰用の道具を持っていた。なぜかというと、中学教師の父も言っていたが、思いっきりビンタをすると手が腫れるのである。殴るほうも痛いのである。三年間ずっと担任だった伊藤先生は、ビンタが上手かった。入学してすぐ、教室が静かにならないというので三人教壇に立たされた。歯を食いしばれ。ピシーンと空気を震わせる素晴らしい音がして、一人ずつ教壇の上からきれいに飛んでいく。春の陽光の下、その光景がまるで一幅の絵のように見えて、ちょっとした感動を覚えた。

僕もずいぶんビンタをされた。とにかく遅刻が多いのだ。寝坊はしていないのに、ぎりぎりになってからでないと自宅を出ることができない。というより、あれは僕のささやかなる反抗だった気がする。自我と社会との折り合いをつけるために反抗期は起こるのだろうが、不良にはなれない僕は、少しばかり規則を破ることによって自らの反抗としたのだろう。毎朝汗を滴らせながら走った。始業ベルの鳴り響く校門を全速力で駆け抜ける。「和嶋、また遅刻か」。伊藤先生の容赦のないビンタが僕の頬に炸裂する。不思議なことに、僕はその痛みに愛を感じていた。伊藤先生は僕の反抗を認めてくれるんだ、成績がいいからといって僕をひいきしたりはせずに、ちゃんと罰を与えてくれるんだ——。そのことが嬉しかった。色川武大ではないが、ビンタはされれば慣れる。痛いには違いないが、その程が分かってくる。人間は不測の事態に対しうろたえるのであって、あらかじめ分かっていればなんとか対応できるものだ。僕の遅刻は続いた。

クラスにもう一人遅刻魔がいて、温泉旅館の息子だった。彼とは学年で遅刻の番付の一、二を争っていたと思う。毎朝のように顔をゆでだこみたく真っ赤にした彼と並走し、あれ今日はいないなと思うと、僕のはるか後ろに点になった彼がいるのだった。彼はとうとう卒業まで、遅刻の横綱の地位を守り通した。

僕の、人と違ったことをしたいという欲求は、いろいろな場面で展開されつつあった。学校で写生大会がある。例年弘前公園*で行なわれるのだが、三年生の時、今年は何かひとつ変わったものを描いてやろうと思った。王道は弘前城本丸を描く。正面からにしろお堀からにしろ、本丸は本丸だ。少し目先を変えて城門という手もあるが、どっちにしたって城の一部に変わりはない。なにかこう、城を描かずにして弘前公園にいるという情景は描けないものか。思案するうち、アイスクリーム屋の屋台が目に留まった。普通のソフトクリームではない。津軽地方には独特のシャーベット状のアイスがあって、それをソフトクリームの形態にして売っているのであった。どこにでもあるものではなく、これこそ弘前公園の風物といえた。ユリイカ。屋台のおばさんの邪魔にならないようにしながら、一心不乱で描いた。草の色が気に入らない。とことん変わったことをして楽しむつもりだったから、手近にある草をすり潰し、それを画用紙になすりつけた。途端に荒っぽいタッチになったが、草の濃淡は本物のようである。これは面白いと、もう絵筆は使わずにひたすら指で草は描いた。やがて、お城のかけらも写っていないのに、一目で弘前公園と分かる思惑通りの絵ができあがった。おばさんの牧歌的な感じもどうやら出せた。立派な絵を描いて賞を取ってやろうなぞはなから思っていなかったし、自分としては大いに満足だった。

ところがこの絵が写生大会で一番を取り、市長賞を受賞し、新聞にまで載ったのである。もうその頃にはすっかり退色して、草の緑が紅葉のようになり、晩秋の弘前公園を思わせる風情に変わってはいたのだが。受賞には僕自身驚き、真面目に写生していた美術部の連中には大変申し訳なく思ったが、またこうも思った。報酬を期待せずに楽しんでものを作れば、それは芸術になりうるのだと。僕の絵は美術部の作品に比べれば、配色、遠近法あらゆる技術面で劣っていたはずだが、着想の妙があり、斬新さがあった。校内に張り出された絵をざっと眺めたが、アイスクリームの屋台を描いたのは、三千人のうち僕とあともう一人だけだった。自らの発想を信じ、楽しんで作品を表せば、必ずいいものができあがるのだ。その証拠に、高校に入ってからは適当に絵を描いたおかげで、もう二度と賞などもらえなくなった。

ものを作るのが好きなのだった。ハンダゴテは小学生の時から使っていた。むろん、特に上手く作れるわけでも器用なわけでもない。プラモデルがそうだったし、中学の技術家庭科の時間では、職人並に作品を仕上げる同級生に舌を巻いたものだ。それでも機械、ことに電気製品いじりには熱中した。泉くんからエレキギターを借り、どうもそれに付いているシングルコイル・ピックアップが不満で、勝手に無断でジャンク品のハムバッキングを取り付け、「こっちのほうがいいだろ」と返したこともある。僕が図々しいとはいえ、あの時は悪いことをした。さて、エレキを単純にラジカセに突っ込むと、ペランペランの音かべらぼうにバリバリ歪むかのどっちかだ。ジミー・

ペイジの音はこんなんじゃない！　やがてディストーションなるスムーズに音を歪ませる魔法の小箱があることを知る。とても高くて買えなかったが、ある雑誌に製作記事が載っていたのをこれ幸いと、土手町にあった無線屋に駆け込み、数千円でディストーションを自作したりもした。エフェクターは、コンプレッサー、ブースターなど、中学にいる間にけっこう作ったはずだ。三年生の頃には、オーディオ用トランジスタアンプにブースト回路の改造を施し、ミニギターアンプにして悦に入っていた。今とやっていることはあんまり変わらない。

ところで、母に縫ってもらったもんぺだが、その後も現役であり続け、イカ天出演時にはいて出たのはもちろん、デビューしてからもこっち、アンコールの際には必ず身に着けるようにしている。中二の頃の気持ちを忘れたくないのだった。

ほろ苦い思い出

どうかして、三中で僕のギター演奏を披露する機会はないかと考えていた。四中では学校にギターを持っていって、休み時間か何かに歌ったりしているという。三中でそんなことをやったら、たちまちビンタが飛ぶ。学校でギターの生演奏をするのは不可能だ。それならば、ラジオのように校内放送で流すというのはどうだろうか。

三年生になって、僕は図書局長になっていた。図書局は学生生活に関わるところなので、生徒会の集まりにも顔を出す。そうすると、同じ位置付けの放送局、新聞部の部局長も来ていて、自然と仲良くなる。放送局長に聞いてみた。「お昼の校内放送の選曲って、先生が決めるの？」「あれは局内の僕らが決めるんだよ」。しめたと思った。僕がエレキギターを弾いていること、その演奏を放送で流したいことなどを熱っぽく語った。友だちになっていたこともあり、わりとすんなり交渉はまとまった。放送にあたっての条件は、一曲はみんなの知っている曲を入れること、であった。さあ、後はメンバーを探すばかりである。その前から、一緒に音を出す仲間を探してはいたのだ。六組にエレキを弾ける奴がいると聞けば飛んでいき、十三組にベースを持っている奴がいるらしいとの噂があれば弁当もそこそこに駆けつけた。十三組の奴は楽器がベースでもあり相当な可能性を感じたものだが、会ってみれば残念ながら初心者で、僕があまりにもしつこく練習しろ練習しろ言うものだから、しまいには廊下で会っても避けられるようになってしまった。もはや一刻の猶予もならない。新聞部部長がフォークギターを弾けるというので彼に僕のベースを持たせ、ボーカルにはかつての一年五組の級長を抜擢した。ドラムは音楽室のエレクトーンだ。選曲は難航した。やはりフォーク組は松山千春や長渕剛をやりたがる。僕もエレキが弾けさえすればよかったとはいえ、もう少し脚光を浴びる曲にしたい。折衷案として、もんた&ブラザーズの「ダンシング・オールナイト」が挙がった。これならリッチー・ブラックモア風のギターソロなので、僕も文句はない。一曲知名度のある曲をやればいいとの条件は満たしたので、さらにゴリ押しし、もう一曲はジェフ・ベックの「フリーウェイ・ジャム」とした。インストであるのを幸いに、持てる技術のすべてを注ぎ込んだ。ジェフ・ベックなのに、途中で「イラプション」のタッピングになるというとんでもないアレンジだった。それらを放課後の音楽室で録音し、後日お昼の校内放送で流したのだった。

いざかかってみると、得意満面というよりは恥ずかしさのほうが先に立った。やっちまった！　という気持ちである。弁当を食べる手が止まり、地蔵のようになってしまった。よそのクラスの反応を聞くと、新聞部部長の教室では「うるさい」という声が上がり、スピーカーの音量を最小にされてしまったそうだ。これが僕の、最初に人に演奏を聴かせた時の思い出である。

同じクラスに大條くんという食堂の息子がいた。明るくてハキハキとした男子で、彼は高校に入ってからずいぶんと人気者になったと聞く。お父さんは郷土作家もしていて、そこのお宅は文芸食堂と銘打たれていた。遊びに行くと、三味線の山田千里がいる。「これが今度考えたエレキ三味線だ」。嬉しそうに、中学生の僕たちに向かってじょんから節などを演奏してくれる。お父さんの弟さんは確か子供向けのオカルト作家で、文芸食堂に行くとなにかしら面白いことがあったものだ。

文芸食堂の二階で、僕たちはいろいろな妄想に耽った。保育園からの幼馴染み、中村くんもきっとそこにいた。「ノストラダムスの大予言によると、一九九九年に世界は終わるらしいよ」。死にたくないと思った。南極なら災害を避けられそうだというので、移住の計画が持ち上がる。莫大な資金が必要だ。「バンドで売れるってどうだろう」「いいねそれ」。征服者アレキサンダー大王にちなんで、バンド名はサンダーとした。お金をもうけるにはヒット曲を出さねばならない。早速三人して「爆弾結婚式」なる曲を書き上げた。幸福の絶頂にある結婚式に爆弾が落とされるという、恐ろしい歌だった。

中学生ともなると、異性への関心が一気に高まってくる。誰しも異性の興味を惹きつけたいと願い出す。しかし万人がその栄光に浴することができるはずもなく、「爆弾結婚式」を書いた三人は明らかにモテない組だった。バレンタインデーが近づき、かねて一部の男子のみにチョコレートが集中するのを苦々しく思っていた三人は、同様にモテない同志と共闘し、ついに決起することにしたのであった。ホームルームの時間。大條「はい！　先生。校則では学校にお菓子を持って来てはいけないことになっています。バレンタインデーのチョコレートは校則違反にあたるのではないでしょうか」。途端に女子からブーイングの嵐。和嶋「はい！　先生。僕もそう思います。たとえその場で食べないとしても、お菓子はお菓子です。校則違反には違いありません」。中村「はい！　先生。学校にチョコレートを持って来るのは絶対におかしいです」。その他「はい！　先生」「はい！　先生」「はい！　先生」。騒然となった。伊藤先生はモテない男子の味方かと思いきや、自身が学生時代にチョコレートをもらっていかに嬉しかったか、恋を育むことが人間の成長にとっていかに大事か、女子の夢を摘むべきではない、などと、とうとうと恋愛肯定論を語り出すのであった。なんだ、敵方だったか。サンダー革命は、あえなく頓挫したのだった。

一度だけ、バレンタインのチョコレートをもらったことがある。隣のクラスの女子だった。僕はいつも陰気な顔をして、意図的にも変わり者を装っていたから、彼女が僕のどこを好きになったのか謎といえば謎だ。僕の陰気ぶりは徹底していて、伊藤先生に「このクラスの雰囲気を悪くしているのは和嶋だ」と言われたり、「無気力、無関心、無責任、それに無感動を加えて四無主義というが、それは和嶋のような人間のことだ」と喝破されたりもした。だから、チョコレートをもらっても、「あ、うん」といたって張り合いのない反応を返すことしかできなかった。それでも隣のクラスの女子たちはどうにか盛り上げようと、家庭パーティに招いてくれたり、恋の進展を図ったようだったが、僕の態度はいつも曖昧なままだった。ご期待にそえなくて、申し訳ないことをしたと思っている。チョコレートはどうにも手をつけられなくて、ずっと引き出しの中にしまったままだった。

中一の時に、ある女子がとても好きになった。クラスは離れていたので、朝礼か遠足の時に見かけたのだと思う。一目で面影が頭から離れなくなった。柔らかさの中に凜々しいところのある顔つきだった。体は大きかったが、活発というよりはおとなしそうな感じだった。廊下を歩く度に、彼女の姿を探した。彼女のクラスの前を通るだけで、ドキドキした。やがて名前が分かると、その響きが世界で最も美しいものに感じられた。自宅にいてもずっと面影がちらつき、胸がいっぱいでご飯も喉を通らない。これが恋なのだろうか。どうしていいか分からなかった。声もかけられず、誰にも相談できず、一年生、二年生、三年生、ずっと思いは秘めたままだった。三年生になり、進学が近づいてくると、時々成績の近い者同士で授業をやった。国語の時間に彼女と一緒になった。その時に教科書を音読する彼女の声の優しくて美しかったこと――それは、天上の音楽だった。彼女の声をいつも聞けるなんて、そのクラスの生徒はなんてうらやましいんだろうと思った。彼女が僕の名前を知っているのかどうかも定かでないままに、三年間は終わった。

＊弘前公園　大叔母には子供がいませんでした。一度、その大叔母に連れられて、弘前公園のサーカスを僕と姉で見に行ったことがあります。大叔母はとてもはしゃいでいて、僕は何かいいことをしている気分がしたものです。

高校時代

作曲への目覚め

高校は、青森県立弘前高等学校*に入学できた。いわゆる進学校だった。県では、高校の合格者をラジオ放送するのだが、カーラジオでそれを聴いていたという父が、帰宅するなり嬉しそうに言った。「ほかの名前はまったく耳に入らなかったが、和嶋慎治だけは浮き上がって聴こえたぞ」。

新学期までの間、ちょっとした春休みがあった。もう受験も終わり暇を持て余していたので、図書局の卒業生のみんなでアルバイトをしようということになった。確か神くんのお母さんがスーパーでパートをしていて、そこのチラシをまこうということだったと思う。午前中にスーパーに集まり、大量のチラシを渡された。これを一軒一軒ポストに投函していくのだ。たいしたことない、と思った。割り当てられた町内に向かって始めたが、これが全然減らない。もうだいぶ歩いた気がするが、チラシはもらった時のままにしか見えない。お昼にスーパーに戻り、それとなく戦況に探りを入れてみると、神くんは半分終わったという。おまけに周りの大人たちと如才なく軽口を叩いていたりして、余裕である。要領が違う、と思った。青くなりながら午後のチラシ配りに出発したが、やっぱり減る気配とてない。いっそ二枚ずつ投函しようか、いや、たぶん何軒かはそうしたはずだ、かくなる上は全部川に投げ捨てて……悪魔の囁きと闘いながら、どうにかこうにかまき終えたのは、もう日も暮れかからんとする頃だった。とっくにみんなは戻っていて、お茶なんかを飲んでいる。神くんは特別成績がいい子でもなかったが、そうしたことと社会の仕事とはまったく関係ないんだな、と思い知った。仕事が早くて大人とコミュニケーションできて、神くんのほうが僕よりよっぽどデキる奴だ。

新学期を迎え、最初の英語の授業で驚いた。知らない単語がどんどんと出てくる。明けて次の時間は、もう前回の単語はどこかへ行ってしまい、また新しい言葉だ。それまでの中学の授業は、学力の違う生徒に合わせるために、同じ場所をグルグル回るようなところがあったが、進学校の授業は脇目もふらず突き進んでいく。これはとんでもないところに来たと思った。果たして最初の英語のテストは悲惨な点数で、これからのことを思うと暗澹たる気持ちになった。

入学してすぐに、クラスの自己紹介があった。名前、出身校のほかに、趣味や特技などを述べる。細いズボンをはいたなかなかの好男子が、「趣味はギターを弾くことで、バンドもやっています」と、はにかんだふうに言った。僕も自己紹介で「趣味はエレキギターを弾くことです」とやった。どちらからともなく近づき、もうその日のうちに彼の仲間のところへ遊びに行った。彼は福士くんといって、一浪なのだという。バンドはその浪人生仲間で組んでいるのだと言った。部屋に入ると、僕より一つ年上の人たちばかり。めいめい当たり前のように煙草を吹かしていて、大人びているなあと思った。福士くんが僕を紹介してくれ、彼らとの交際が始まった。

バンドは、オフコースのコピーをしているのだという。飲酒や喫煙を、つまり僕の目から見たらやや不良っぽいことをしている彼らが上品な印象のあるオフコースとは奇異な感じがしたが、どうやら本当に好きなようで、嬉々として曲をなぞっている。そのうち、今不在であるパート、ベースを僕は命じられた。レッド・ツェッペリンのギターが弾きたい僕にしたらたいへん不本意だったが、とにかくバンドで音を出したかったから、引き受けた。やってみるとオフコースは一般のフォークよりもコード進行が複雑だし、ベースラインも凝っていたりして、ずいぶんと勉強になった。しばらくの間、僕はそのバンドのベースを続けた。勉強になったといえば、バンド内のボーカルの黒滝くんとギターの福士くんは、作曲活動もしているのだった。黒滝くんの家に行くと、大学ノートにびっしりと書きこんだオリジナル曲の数々を見せてくれる。

「和嶋、お前は曲を作ってないのか」。

一曲だけ、あるにはあった。中学のロック鑑賞会に、お転婆な感じのする子が時々来ていた。可愛いなと思っていたら、向こうも「和嶋くんってちょっとカッコいい」なんて言う。こちらもその気になるうちに、高校入学前の春休みの頃からだんだんよそよそしくなった。やがて、入った先の高校ですぐに好きな男の子ができたらしく、「和嶋くんにはもう興味がない」となった。思わせぶりなことをしておいてそれはない、と思った。どうにもこのやり場のない失意を言葉にしてぶつけたく、「女なんて」という曲を作った。コードに歌を乗せて曲を作るのは初めてだったが、「天国への階段」の後半部を参考にして、マイナー調の激しいロックナンバーが出来上がった。やはり作曲の原動力の基本は、失恋であるらしい。

「一曲だけど、あるんだ！　〝女なんて〟という曲」と、僕は黒滝くんと福士くんにドキドキしながら言った。彼らは、なかなかいい曲だとほめてくれた。最も曲を作っていたのは黒滝くんで、三十曲は超えていただろう。福士くんは数曲だった。お互いの曲の弾きっこをした。ああそうか、このコードはこう使うんだ、こういうコード進行もあるのか、目から鱗が落ちる思いだった。どうしてそんなに曲が作れるのか黒滝くんに教えをこうと、あまり深く考えず、日記のように毎日作ればいいという。そうか、作曲するぞと構えちゃ駄目なんだ。いうならビートルズから作曲のコツを教えてもらったローリング・ストーンズの心境である、とにかく全員曲が作れるということで、それからはお互い競い合うように作曲に励みだした。

題材は日常の関心事でいいのである。それをコードに乗せ、鼻歌を歌えば一曲できあがる。テストで悪い点を取った、一曲できる、今日は月が赤いなあ、また一曲。面白いように曲ができていった。お恥ずかしい話だが、クラスの女子の名前で一人ずつ作曲もした。本当にその子のことが好きかどうかも分からなかったが、その子から受ける印象、自分だったらどこを好きになるかを考えて、曲をものしていった。弘前高校は進学校である、圧倒的に女子の人数が少ない、同じクラスでは足らなくなって、作曲の対象はよそのクラスにも飛び火した。

福士くんには妹さんがいた。美佐子さんという中学生で、色の白い、ふっくらとした、どこか寂し気な表情をする女の子だった。最初福士くんの家には、お互いの作曲動向の確認のために遊びに行っていたのだが、どうもそのうち美佐子さんに会うために足を運んでいる具合になった。美佐子さんがいないと聞くと、がっかりする。美佐子さんが風邪をひいていて喉が痛い、飴が欲しいという。僕は泳ぐようにして商店へ走り、飴を買ってくる。何か珍しいものを手に入れると、真っ先に美佐子さんに披露する。美佐子さんが数学が難しいといえば、解き方を教えてあげる。美佐子さんの喜ぶ顔が見たい、美佐子さんの笑い声が聞きたい、美佐子さんの……「美・美・美・美・美・美・美・美佐子」という曲を作った。この曲はなかなかの傑作で、我々は日々お互いの曲の弾きあいをしていたものだが、なにしろ数が膨大である、毎日演奏される曲ともなると限られる。「美・美・美・美・美・美・美・美佐子」は、その数少ないヒットナンバーとなったのであった。

これだけ曲ができたんだ、ここいらで自分たちの実力を試してみようじゃないか、という話になった。ポプコンに挑戦しようというのである。応募曲は一曲、選曲ではいつぞやのようにまたしてもモメた。僕は「美・美・美・美・美・美・美・美佐子」を挙げ、福士くんは「焦心Ⅱ」を推す。セカンドってなんだ、ファーストはないのか、と今更ながらに僕は駄目出しをする。いや、あるんだけどみんなに聴かせてないんだよ。そんなんでいいのか。——結局、最も曲数をこなし作曲能力の高いと思われる黒滝くんの「人生なんて時計台」に決まった。パートは、黒滝くんがフォークギターとボーカル、福士くんはエレキギター、僕は不本意ながらやっぱりベースだった。一番年下なんだから仕方がない。ギターソロは、僕が考えたラインを福士くんに弾いてもらった。土手町の橋のたもとにある音楽スタジオで、録音した。録音を終えた帰り道、土手町を歩きながら、デビューできるかな、それよりもまず全国大会に行きたいね、ホテルとかどうしよう、様々に妄想がふくらんだ。ポプコンからは、なんの音沙汰もなかった。

子供の頃の夢はなんだっただろう。保育園の時は、絵描きさんだった。会社に行くでもなく、畑を耕すでもなく、道端に座ってただ好きな絵を描いている。こんなのんきな仕事が世の中にはあるんだと思った。絵が好きというよりも、好きなことをやるというその生き方がよくって、絵描きになりたかった。小学生ともなると、自分にはいろんな面で才能のないことが分かってくる。また本家という概念が重く圧しかかってきて、普通の子供のような夢を持つことができない。何か重大なきっかけでもない限り、自分は学校の先生になるんだろうと思っていた。中学ではエレキギターに活路を見出したこともあり、猛烈にミュージシャンになりたいと思った。好きなことをやれる、おまけにどうやら女の子にもモテそうだ。ほかの職業など眼中になかった。そして高校に入り、ミュージシャンになりたい気持ちは相変わらずだったが、どうも現実は厳しいということが分かってくる。中学では優等生だった僕が、高校ではごく平凡な一生徒にすぎない。そんなにガリ勉にも見えない生徒がすらすらと板書きしているのを見て、ああ出来が違うってあるんだなあと思った。父は「医者になれ」と言った。あれだけ権威が嫌いなのに意外と凡庸なことを言うなあと思ったけれど、父なりに考えてのことだったろう。だが校内の医者志望の人間を観察するに、まるで出来が違う。なにより勤勉である。好きなことにしか体が動かず、ものぐさなところのある自分にはとても無理だと思った。ミュージシャンにしても、ポプコンにあっさり落ちたように、どうやら現実の壁は果てしもなく高い。音楽は、趣味程度に留めておくよりほかなさそうだ。僕は何になればいいんだろう。

本は相変わらず好きだった。だが、その方面でも僕は衝撃を受ける。そもそも周りがみんな読書家である。中学の頃とは状況がまったく違う。太宰かぶれもいれば、ドストエフスキーを読破したと豪語する奴もいる。それまでSFとか怪奇小説がほとんどで、文学はちょっとだけしか読んでいない僕にしてみれば、ドストエフスキー、なにそれ、である。とはいえ、類は友を呼ぶである。クラスの垣根を越えて読書仲間ができた。こちらのグループも音楽仲間で競って曲を作ったように、貪るように次から次へと本を読み出す。今日は三島由紀夫、明日は武者小路実篤。安部公房が面白いんだってよ、不条理ならカフカだろ。大江健三郎はどうだ、柴田翔ってのもいるよ。青の世代の村上龍はいいね、僕は三田誠広が好みだなあ、おっと中上健次を忘れるなよ。みんな異常な読書量だった。僕もあまりにも本を読むのが面白くって、つまらない授業の時は教科書に文庫本をはさんで、こっそりと読んだ。おかげでどんどん勉強が遅れていった。この仲間たちとは後に同人誌を出したりした。文章を書くって難しいけど、自分の言いたいことが言えてやりがいがあるなあ。物書きも楽しそうだ。

あだ名は屈折

弘前高校では、本格的ねぷたシーズンの到来前に、弘高祭の一環として特別にねぷたを出せることになっていた。クラスの親睦を図る、郷土の文化に触れる、などの意味合いがあったであろう。各クラスで一台ずつ作るのであった。それを実際のコースと同様に巡行して歩くのだから、贅沢なことをさせてもらっていた。

製作は、一学期の終わりの十日間ほどだったか。早朝と放課後に、基本的には男子が作るのであった。楽しみだったのは、朝に女子が持参してくるおにぎりの差し入れ。各自工夫を凝らし、真心がこもっていて本当においしかった。可愛い子のおにぎりはすぐに売り切れた。これはいかん、傷つけちゃうじゃないかというので、余った奴を無理して食べたり。クラスには何十人もいるから、当然率先して作業する者と傍観する者とに分かれる。中にはちゃっかり、おにぎりだけ食べて後は何もしないという輩が現れる。ちなみに高三の頃の僕は、完全におにぎり派だった。

二年生の時だった。その時はまだ作業する側であった。朝早くから学校に行き、みんなと一緒に汗を流す。当然手を動かしながら、いろいろな話をする。勉強のこととか、何になりたいかとか、子供の頃のこととか。毎日顔を突き合わせて作業しているから、もはや肝胆相照らす仲になっている、思わぬことを口走ってしまう。僕は小中といじめられたこと、おかげで漫画は復讐するものばっかり読んでいたこと、中学はスポーツをやっていないと人間として認められないところで、でも僕はスポーツが不得手だし、いじめられている劣等感もあるから陰気になってしまったこと、そのことをバネにギターの猛練習をしたこと、誰にも言わずにいた逸話の数々を、告白した。「僕は屈折してるんだよ」。ドッと受けた。「なんだ、和嶋、お前ちっとも陰気じゃないよ。面白いよ」。嬉しかった。初めて人に認めてもらえた気さえした。今までは共通の趣味をきっかけにして人と付き合っていた節があるが、そういうものを抜きにしてもいいのだ。太陽の光が差すように、急に明るい気持ちになってきたのだった。それからは調子に乗って、だいぶ脚色も交えながら、さらに屈折話を続けた気がする。

ねぷた小屋での僕の通り名は、いつしか〝屈折〟になった。

そういうこともあってか、二年生のクラスはひじょうに居心地のいいものだった。明るい生徒が多かったようにも思う。まだ受験前だから、気持ちの上でもみんなに余裕があったのだろう。初夏の柔らかい日射しに照らされた、あの二年四組の美しい教室が今でもありありと目に浮かぶ。物理の時間になる。先生が「光の屈折率」という。ドッと笑いが起こる。〝屈折〟は一気にクラスに定着していたのであった。他人に認めてもらえるというのは、なんと嬉しいことであろう。自分が拒否する名前で呼ばれるのは不快なものだが、自ら受け入れたものならこんなにも気持ちがいい。クラスの中に、確かに僕の居場所があった。

女の子と初めてデートしたのも、その頃だった。同じクラスの、髪にパーマを当てた、スラッとしてポパイのオリーブみたいな感じのする子だった。デートの前、何を着ていいのか分からず、姉にいろいろ見繕ってもらったことを覚えている。デートはもっぱら弘前公園だった。ボートに乗ったり、際限もなく話をしたり。手をつなぐだけで心臓がバクバクして、足がガクガク震えた。毎朝目覚める度に、新鮮な空気を感じ、景色が薔薇色に見えた。ここはいったいどこなのだろう、昨日までの陰気な部屋の面影は微塵もないのだった。世界が輝いていた。

バンド放浪記

高校で、スズケンと再会した。僕が一年七組で、スズケンは八組だった。「おんなじ学校になったね、スズケン」。僕が彼の教室を覗きに行くと、早速彼は他校から来た連中と会話している最中だった。「うん、和嶋。今後ともよろしく」。彼の机を見ると、見たこともない筆箱が置いてある。鶏かなにかの首を食いちぎって、口から血を滴らせたオジー・オズボーンの写真が貼られた、お手製の筆箱なのだった。スズケンは変わってるなあ、そう思いながら僕は教室を後にしたのだった。スズケンとは所属する友だちグループが違うこともあり、三年生まではそれほど近しくならなかった。彼は四中時代に培った生徒会長の経験を生かし、弘高でも生徒会に尽力していたはずだ。スズケンがバンド活動を始めたのは高二の頃だったか。弘高祭のステージで、彼のバンドを見た。僕も別なバンドで参加していたのだったが、スズケンバンドはけっこうな割合で演奏を間違える。僕のバンドのやんちゃなメンバーが、客席から「やめろー！　やめろー！」とヤジる。ますます間違える。あの時僕はメンバーを止めるべきだった、悪いことをした、スズケン。

高校生の頃は、本当にいろいろなバンドに入ったり、手伝ったりした。最初はベースでオフコースのコピーバンド。小さなホールを貸し切ってやったり、頑張っていたのだが、やっぱりギターを弾きたくなる。他校の文化祭をギターで手伝ったりしていたら、二年生の時にローリング・ストーンズのコピーバンドに誘われた。ほかにはRCサクセションをやるという。正直、あんまりどちらにも思い入れはなかったが、ロン・ウッドのパートということで引き受けた。でも、人前でギターを弾けるというだけで楽しかった。文化祭に出たり、デパートの屋上でやったり。ライブハウスにも出たりしたが、一度そこの――萬燈籠という場所。人間椅子のアルバム名にもなった――床を、盛り上がりすぎてぶち抜いてしまい、大目玉を食らったことがある。その時はなぜか僕が弁償金を持って、店長さんに謝りに行かされたのだった。ほかにも弘前公園の催しに駆り出されたり、ブラスバンドを手伝ったり……バンドは愉快な思い出ばかりだ。

読書グループの一人の石井くんが言うのだった。「今、ダビングで曲を作ってるんだよ」。石井くんに音楽の趣味があるとは知らなかった。それにダビングで曲が作れるのかな。遊びに行くと、カセットデッキが二つにミキサー、マイク、それに安っぽい鍵盤が置いてある。ギターはない。これで曲が作れるんだろうか。いぶかしく思っていると、カセットデッキの間でピンポン録音をして、音を重ねていくのだという。早速曲を聴かせてもらった。演奏は稚拙だけれど、なんだかわけの分からないマグマのようなエネルギーを感じた。創作に対する、むき出しの情熱がほとばしっている。これは面白い。一人でも音楽は成立するんだ。僕もダビングさせてくれと頼み込み、大学ノートに書き溜めてあった曲を録音するために、それからは石井スタジオに日参した。

石井くんはインドア派であった。人前で演奏したことなどない。それでもバンドをやりたいという気持ちが日々募ってきたらしく、ギターの練習を始めた。もともと才能があったのだろう、みるみる上手くなり、もうバンドが組めるだろうとなった。この辺りの記憶が定かではないのだが、我々のもとにメンバーが集まって来たのか、それとも出来つつあったバンドに我々が入っていったのか——合体というところだったのかもしれない、とにかくみるみるメンバーが増えて、最終的にはギターが四人にもなった。ベースはスズケンだった。高校三年生のことだった。

曲は何をやろうか。読書グループとしてはオリジナル曲、もしくは洋楽のカバーをやりたいところだったが、後半増えてきたメンバーの強硬な反対にあい、佐野元春のカバーとなった。民主主義には勝てない。しかしながら読書グループとしては何か一矢報いたく、バンドのテーマソングなら審議を通過するだろうと目論んだ。バンド名は、ここだけは読書グループの意見が通り、スズケンも大いに賛同の上、〝死ね死ね団〟となった。佐野元春なのに。

石井スタジオで、作曲が開始された。おおむねギターリフは僕が考えたかと思う。歌詞はできるだけ難解なほうがいいだろうということで、書棚にあった哲学事典を引っ張り出してきた。石井くんのお父さんは倫理社会の先生なのであった。白鳥伝説、カオス、ドグマ、いいねえ。あっという間に反撃の狼煙の歌、「死ね死ね団のテーマ」ができあがった。

弘高祭のパンフレットの、バンド紹介文は僕が書いた。今でも覚えている。「赤い夕陽が校舎を染めて、お前の額に釘を打つ」。とても佐野元春をやるバンドとは思えない。石井くんは丹前の着流し、僕はアンガス・ヤングを意識して学生服に半ズボン、ランドセルの中には鎌を忍ばせた。スズケンも確か丹前じゃなかったか。一方、佐野派閥のほうはカジュアルにジャケットなんかを着ている。恰好がバラバラだった。とはいえそこは音楽仲間である。一生懸命に演奏し、佐野元春だから観客もやんややんや。最後に「死ね死ね団のテーマ」をやった。それまでは大人しくしていた石井くんが、狂ったように乱舞していたのを覚えている。

二年生の時、隣の席に佐野元春が好きな男子がいた。愁いを含んだ表情だったが、聞くと留年してこのクラスにいるのだという。地元では有名な大きな書店の息子だった。僕も中学校からの帰り道にはよく立ち寄ったものである。音楽の話で盛り上がり、彼のお宅にお邪魔することにした。高そうなステレオが勉強部屋にあった。そのステレオで、佐野元春やクイーンを大音量でかけてくれた。本屋の息子だからもちろん読書家で、商売上の役得なのだろう、野坂昭如と飲んだことがあると言った。「へえ、いいね！」。ずいぶん先を進んでいると思った。それに、留年しているところも何だか文学っぽくていい。ひと頃は足繁く彼のお宅に通ったものだ。ところが、どうも彼には留年してしかるべき要素が多いように思われ、自分も人のことは言えた義理じゃないのに、ある時から急に彼がうとましく思われ出した。それまで体育の時間は一緒にジャージに着替えていたのに、僕は彼を避けるようにして一人で準備をし出す。彼が遠くから悲しそうな顔で見ているのが分かったが、気持ちに石が乗っかったように自分ではどうすることもできない。やがて彼は学校に来なくなってしまった。後年自覚したことだが、僕には、特に男性に対してだが、恋のように一時情熱を捧げてしまうところがある。そうしてまま、急に冷めてしまう。そういうところがある。

三年生のクラスは理系、文系に分かれていた。二年生の時にその進路を決めておかなくてはならず、それは後の進学にとっても重要な問題だった。二年生の担任は体育の先生であった。「和嶋、お前の体育の授業態度を見る限り、お前は理系向きだな」。なんのことか分からなかった。そういう先生の頭脳は文系向きだな、と思ったけれど、僕の伸び伸びとしていない体育の態度を指してのことだったろうか。「和嶋、お前は本当は素直な奴なんじゃないか」。この言葉には心が震えた。そうして素直に、理系を選んでしまった。三年生になり、理系の物理と化学の授業が始まる。ここは、自分の来るところじゃなかったと痛感した。もうなにもかも、皆目さっぱり分からない。テストが十二点とかならまだいいほうで、八点とか五点とかを取る。化学の答案を見て、母は泣いた。行く末が案じられたが、三学期になって、理系に向いていない生徒は文系の授業に出ることが許された。ややホッとしたが、どっちつかずの、自分は宙ぶらりんな人間であるように思われた。

＊弘前高等学校　今回、この本を作るにあたって、弘前高校にお邪魔させていただきました。ご厚意で教室の机にも座らせてもらったのですが、黒板の佇まい、窓からの景色、すべてあの頃と同じままでした。おい、屈折。そんな声がどこかから聞こえてきそうです。僕は、すっかり薄くなった自分の髪のことなど忘れて、高校生の

自分に戻っていました。青春は永遠です。記憶の中では、今も彼らがあの頃と同じ姿で、青春をはつらつと謳歌しています。

精神の変容

御幸町との別れ

生まれた時から、御幸町*というところに住んでいた。繁華街の土手町が近く、それなのに静かで趣きのあるところだった。上品で真面目な人が多く住んでいて、右隣の家の息子は東大に入った。僕より二つか三つ年上で、僕が中学生の頃夜中にギターを弾いていたら、「うるさい!」と怒鳴られたことがある。恐縮して、それからは隣家の前を足早に通り過ぎるようにしたものだ。しばらく経って、一度だけ彼と遭遇したことがある。弘高の制服を着て、すっかり背の高くなった彼が、眼鏡の奥から優しくこちらに微笑んでいた。記憶違いでなければ、僕もその時弘高の制服に身を包み、顔を赤らめながら軽く会釈したんだったと思う。

和嶋の家は大きくはなかったが、ちゃんと玄関と勝手口があり、家人は勝手口から出入りした。玄関は来客用だった。芝生の生えたきれいな庭があって、よく手入れされた灌木と石灯籠があった。庭の奥には物置小屋があり、小さい頃聞き分けが悪いとよくそこに閉じ込められた。ある時、従姉妹の子供たちが来ていて、母がカキ氷をふるまった。適当なシロップがなかったのだろう、カルピスのかけられたそれに、こんなの食べたくない、と僕はそうするつもりもなかったのに足で蹴っ飛ばしてしまった。かんかんになった母は、もう夜もとっぷりと更けていたけれど、僕を物置小屋に連れていき外から鍵をかけた。泣きじゃくっても開けてはくれず、暗闇の中は本当に恐ろしかった。わずかの時間だったのかもしれないが、子供の僕にとっては永遠に闇に包まれている気がした。

引っ越しをするのだという。高校二年生の頃だ。ほとんど父の一存だったが、思い出の詰まったこの和嶋の家を離れるのは嫌だった。理由があるにはあった。市の拡張計画がずいぶん前からあり、いずれ和嶋の家は道路の下にならねばならないのだった。しかしそれが今ではない。引っ越しは先に延ばしてもいいのではないか。だが士族の矜持さながらに父の信念揺るぎ難く、誰も逆らえないのだった。引っ越し先は、市の中心から遠く離れた住宅街だった。

父にしてみれば、ゆくゆくを考えてのことだったろう。また自分の城を持ちたかったのかもしれない。御幸町の家は、祖父の代に建てられたものだった。新居の図面を見ている時の父の顔は、実に嬉しそうだった。それを見たら僕もなんにも言えない。また、家が建て上がって初めて足を踏み入れた時、やっぱり気持ちがウキウキとした。新築の匂いっていいなあと思った。だが、何か釈然としない。けっして毎日が楽しい日々ばかりとはいえなかったけれど、子供時代の記憶の詰まった御幸町の家が消えていくのが、無性に寂しかった。僕はもう喫煙を始めていた。取り壊しになるまで、毎日のように御幸町の家に勝手に上がって、無人の家の中で煙草を吹かした。

父への反抗の気持ちが、自分の中で沸々と湧き上がってくるのが分かった。小説を書きたい。文芸部が毎年文集を出しているというので、その門を叩いた。一年生から部員になっているのでもないのに文集に載せてくれるのか定かではなかったが、同じく創作をものしたく思っている読書グループの幾人かと集い、当たって砕けろで入部した。文芸部の面々はさすがのもので、勉強会ともなればその読解力を遺憾なく発揮し、僕らがちょっとした挑戦のつもりで無頼派の織田作之助や坂口安吾のテキストを持っていっても、実に的確な解釈で答え、とんちんかんなことしか言えない僕らはやがてぐうの音も出なくなるのだった。文集には作品を載せてもらえた。坂口安吾にかぶれていた僕が書いた小説は、父親の権威に我慢のならない少年が、少し頭の弱い少女を伴い、家を出奔する話だった。

未知との遭遇

高二の三学期が終わり、受験の風が吹き出した。東京の大学に進学したい連中は、都会の空気に触れる意味もあって、かの地の予備校の春期講習を申し込んでいた。僕も親にはきちんと言っていなかったが青森を出たかったので、一も二もなく彼らに便乗した。特急列車に揺られる間中ずっと、中上健次の小説を読んでいた。「和嶋、本が好きだな」。東京に行くのは中学校の修学旅行以来だったが、あの時は引率されてだった。今回は自主的である。何もかも、見るものすべてに驚いた。この人の多さはなんだろう。東京は街でしかないのだが、何か巨大な怪物のような、人格すら感じた。予備校は早稲田にあった。毎日真面目に寮から通い、帰りは古本屋街をぶらついたりした。三田誠広のサイン本を見つけて、狂喜した記憶がある。休日には品川にいる親戚を訪ねて、そこの従兄にオートバイで東京を案内してもらったりした。歳は一つ違いなのに、オートバイを自在に操る従兄がずいぶんと年上に見えた。帰ってきて最初の試験で、思わぬ好成績を収めた。まず公立大学なら大丈夫という偏差値だった。「これはいけない」。どういう精神構造でそう思ってしまったのか謎だが、とにかく自分はこのままではいけない気がした。なにしろ文学にかぶれていて、堕落したり破綻したり道から外れるほうがカッコいいと思っているのである。おそらく普通になってしまう気がしたのだろう。そのことが怖かったのだろう。地元の大学に通い、教師になっている自分が目に浮かんだ。そうして、勉強することを一切やめた。

授業中はもう、読書をする時間である。後ろの席の虻川くんに、何か面白い本ないかな、と聞く。虻川くんは柴田翔のファンだった。雑誌だけど、最近『ＵＦＯと宇宙』っていうのを読んでるよ。えっ、何それ、面白そう。早速虻川くんに学校に持ってきてもらい、授業中に貪るように読んだ。かなりマニアックな雑誌で、科学的にＵＦＯを推論したり、神経症すれすれの体験記が載っていたりする。あまりに面白くって、虻川くん所有のバックナンバーを全部借りた。

子供の頃オカルトブームだったから、ＵＦＯにはひとかたならぬ関心があった。小学生の時には、数少ない親友たちと、見よう見まねでＵＦＯ探知機を作った。児童向けのオカルト本に載っていたもので――著者は大條くんのおじさんだったかもしれない――瓶の中に磁石とコイルを入れるというものだった。食い入るように見つめたが、まったく何事も起こらなかった。一度だけ、ＵＦＯらしきものを見たことがある。小四の秋口の、昼間だったと思う。「慎治！　慎治！」と大声で僕を呼ぶ声がするから行ってみると、父が縁側に立って空を指差しているのであった。見ると、雲と雲の間をオレンジ色の大きな光が、スーッと横切っている。父が、UFOだ、と子供みたいにはしゃいでいた。僕も、父に合わせて、UFOだ、と叫んだ。あれは、何かの反射だったのか。それにしては妙に実在感があった。しかし僕は本物かどうかというより、父と友だちのようにしてUFOを眺めていたあの情景そのものが、何より忘れ難いのだった。

自室で『UFOと宇宙』に読み耽る。神経症めいた記事にあたりでもしたのだろうか、だんだん感覚がヒリヒリしてきて、ちょっとした物音にもビクッとするようになる。勉強を放擲《ほうてき》したとはいえ、やはり受験の重圧はあるに違いなく、まるでこの現実から連れて行ってくれといわんばかりに、始終UFOが見たい、UFOが見たいと思うようになる。秋の終わりか、冬の入口だった、午前二時近くまで読書していたら、窓外がやけに明るい。ハッと思って顔を上げると、窓のすぐそこにUFOがいた。アダムスキー型で、差し渡し六メートルくらい、黄金色だった。直視できないほど光輝いていて、うわっ、眩しいと思ううちに、みるみる近づいてきて、そのまま物理法則を無視して壁を通り抜け、巨大な姿で部屋に飛びこんで来た。あっ、入って来る——気がつくと、僕はさっきまでいた場所とは別の、部屋の隅に膝を抱えてうずくまっていた。体がぶるぶる震えていた。口からは大量の唾液を吐き出した。いいようのない恐怖に全身が包まれていた。時計を見ると、四時を過ぎたところだった。

このことは誰にも言えなかった。言ったところで信じてもらえなかっただろうし、大方夢でもみたんだろ、と言われるのがオチだ。だがあのはっきりとした現実感、たとえようのない眩しさ、そういえば異様な耳鳴りもしていたようだ、あれは断じて夢などではなかった。あれが夢なら、我々のぼんやりとしたこの現実こそ夢のようなものだ。寝ていたのなら、横たわっていたはずだ。だが僕は膝を抱えて座っていた。場所も違うところに。恐怖に震えながら。そうして、失われた二時間の間にいったい何があったのか、それを考えるだけで恐ろしい。このことを他人に言えるようになったのは、二十代も半ばを過ぎてからのことだった。

この一件以来、自分は変わってしまったようだった。父には、「慎治、お前このところ陰気になったな」と言われた。曲を作ろうと思っても、もう以前のように素朴な恋の歌を作ることができない。頭に浮かぶイメージは、世の終わり、破滅、狂気といったものばかりである。啓示を受けて精神を病んだ者が、それでも世に終末の日を叫ぶというテーマで、「鉄格子黙示録」を作った。同じ主題を繰り返さない、分裂気味の曲だった。冒頭には、テープの逆回転と戦争を告げるラジオ放送を入れて、狂気と終末を演出した。かつてない曲を作ったと思ったので、いろいろな人に聴かせた。石井くんは「天才じゃないか」と言った。福士くんは「気持ち悪い」と言った。スズケンは「今までの曲の中で一番好きだ」と言った。近所にいるフォークギターが得意な友だちは「おかしいよ、これ」と言った。僕は、自分が今までとは違う場所に立っているような気がしていた。もう「美・美・美・美・美・美・美・美・美佐子」は作れないのだった。

人格の変容を伴うものが神秘体験であるとするなら、あれは紛れもなく神秘体験だった。失われた二時間に僕が何かビジョンを見せられたのだとしたなら、それはおそらく世界の終末だっただろう。思い出したくもないほどの。恐怖に打ち震えんばかりの。UFOの研究書には、アブダクションによる人体実験の事例が数多く報告されている。あれは人体実験だったのだろうか。そうだとして、では終末観が心にしっかり根づいてしまったことの説明は、いったいどうつければいいのだろう。これ以降、僕はさらに進学に対する興味を失ってしまった。ただ勉強をしたくないことの言い訳にすぎないのかもしれなかったが、大学に行って、就職活動をして、会社に入って、その後は家庭を作って……そうした人生に何の意味があるのか分からなかった。この悩みは、とても受験を控えた同級生に言えるものではなかった。一度だけ、近所のフォークギターの得意な友人に、「大学に行って何の意味があるのか」と聞いてみたところ、露骨に嫌な顔をされた。「そんなに嫌なら行かなきゃいいだろ」。まったくその通りだ。行かなきゃいいんだ。でも僕は卒業して就職しようという気概も毛頭なく、ただ手をこまねいて高校生活最後の三学期を送っていた。どうしようもないモラトリアムの日々だった。

＊御幸町　高校の途中まで、御幸町というところに住んでいました。ごく小さい頃は、家の前が未舗装だったのを覚えています。僕はこの町が好きでした。人通りが少なくって静かで、善良な人たちばかりが住んでいました。小学校四年生の時にやっと自転車に乗れるようになり、さあそれからは一気に行動範囲が広がり、こんなに弘前駅は近かったんだ、こんなに土手町まではすぐだったんだと、ますます御幸町が好きになったのでした。

第二章　大学編

浪人時代

仙台での日々

「これからよろしく頼むな」。そう言って父は、息子の学友たちに向かってぺこりと頭を下げた。仙台の予備校に通うことになり、そこの寮の前まで父の車でやって来た。ちょうど門前には弘高出身者が幾人かたむろしており、父は彼らに挨拶したわけなのだった。受験には失敗した。進学に興味を失い、まったく勉強しなかったのだから当たり前だが、さてその後どうするという明確な方針も持てないままに、僕は多くの落第生がそうするように、浪人の道を選んだのだった。自宅浪人という手もあったが、僕はやっぱり家を出たくって、親に頼み込んで仙台の予備校に通わせてもらうことにした。予備校には寮があり、他県から来た者の多くは寮に入った。

僕は浪人生だ。気持ちを引き締めて勉強するべき身分だ。それなのに、家を出た解放感と新しい環境の物珍しさとで、自然と気持ちが浮き立ってくる。教室で少し言葉を交わした男子と、トイレに連れ立った。廊下で誰かがくだらないことを喋っていたので、隣で用を足す彼に向かって、「語彙が貧弱なんだよ」と言った。途端に彼は爆笑した。「和嶋くんは面白いね」。彼は山形から来ており、下宿住まいをしているのだという。一人暮らしじゃないか、先を行っていると思った。授業が終わって彼の下宿に遊びに行くと、同郷の友だちが大勢集まっている。山形弁が縦横無尽に飛び交い、まるで山形県人会に単身乗り込んだ異邦人の気分である。小さくなっていると、「青森くんは何高校出身だっぺ」と聞かれる。「わは、弘前高校だんだ」「んだすけー」。県民性なのか、みんな大らかなところがあり、すぐに友だちになった。そうして、全員原付バイクに乗っていた。もうそれからは、寮を出たらまっすぐに山形県人会アパートに通う毎日、予備校にも気が向いた時にしか行かない。彼らが原付で仙台市内を走り回っているのが羨ましくって、僕も仕送りを切り詰めて、ホンダのXL50Sというバイクを買った。あれだけ受験勉強はしないのに、運転免許の勉強ならしっかりとやった。初めのうちはバイクを県人会のアパートに停めさせてもらっていたものだが、やはり彼らの自由な下宿生活が羨ましい、親に「寮では勉強に集中できない」などと嘘をついて、僕も駐輪場のある下宿に移った。もうどうしたって、勉強はしない。特に仲の良かったのは、最初に僕に声をかけてくれた男子で、彼は天童出身だったが、その天童くんと仙台、松島、宮城県内をとにかくバイクで走る。彼の地元の天童にも行った。果たしてその時、彼がちょっとした事故を起こした。対処に追われたが、何かその際に垣間見えた彼のエゴが、多分僕は気に入らなかったのだ、急に気持ちが冷めていくのが分かった。高二の頃書店の息子に抱いた、あの感情の失墜と同じだった。

天童くんには申し訳なく思いながら、僕は彼から遠ざかっていった。

下宿には、ス[illegible]ケンから——もう浪人生だからスズケンもないだろう、鈴木くんから時々手[illegible]た。彼は東京の予備校に通っていて、下宿は小岩だった。彼は真面目だか[illegible]たいに遊び呆けたりはせず、毎日勉強していたことだろう。でもそれゆえ[illegible]には想像もつかない鬱屈を抱えていたに違いない。右も左も分からない都会に

鈴木くんはさぞ孤独だったことだろう。死ね死ね団は、予備校生を数人輩出していた。かつての仲間で、同じ浪人生の境遇にいる僕に手紙を書くことによって、その寂しさを紛らわしたかったのかもしれない。鈴木くんの手紙には、勉強がきついこと、今日あった楽しいこと、辛かったこと、お互い頑張ろう、といったことが書かれてあった。行間から孤独が滲んでいた。そうしてきまって、ロックを聴いてストレスを解消している、としたためてあった。毎週のように届くその手紙に、僕は必ず返事を書いた。勉強はこれっぽっちもしていなかったけれど、鈴木くんを励ます意味で、

お互い頑張ろう、と書いた。

ある日、鈴木くんの手紙にカセットテープが同封されていた。手に取ると、「ブラック・サバス　ベストセレクションｖｏｌ・１」と書かれている。勉強で忙しいだろうに……ボリュームワンって、ツーも出すつもりなのか、などと思いながら早速かけてみる。重苦しいリフが流れ、予想もつかない展開で曲が進んでいく。それは、悶々とした現実から逃れたい浪人生の気分にぴったりはまった。感動して、すぐさま返事を書いた。ひと頃から鈴木くんの手紙には挿絵が入っていたから、僕もこれぐらいしお礼はできないけれど、といって丁寧に絵を描き、ポストに投函した。

ば鈴木くんには、あの書店の息子や天童くんや、そしてこの後も現れる誰彼に対この行なってしまう、自分勝手な冷淡さが発現しないのだった。それはおそらく、通があったからこそだと思う。じっくり時間をかけて、お互いの関係を築けたのだ。だったのもよかったろう。すぐに口にするのではなく、いったん相手の思いを心に留めて、そして自分が伝えたいことを言葉を吟味して書きつける。手紙は心と心の交流だった。思春期に鈴木くんと文通できたのは、稀有な経験だった。やがて手紙には、大学に入ったら一緒にバンドを組もうとの文言が、どちらからともなく書かれだした。

僕は仙台にはギターを持ってきてなかったけれど、何かひとつ夢が生まれた気がした。よし、鈴木くんとバンドをやろう！

相も変わらず、勉強はしなかった。いったいぜんたいこのままいってどうなるんだ。じりじりとした気持ちのまま、といって机にも向かわず、まるで焼けつくような焦燥を味わうかのように仙台市内をバイクで駆け回った。仙台にはもう一つ予備校があった。僕は天童くんと疎遠になった後、そこに通う中学高校と一緒だった男子とよくつるむようになった。彼も下宿暮らしで、さらにバイクを持っていたからである。しょっちゅう連れ立ってツーリングに行った。だがさすがに受験期が近づくと、「和嶋、もう誘わないでくれないかな」と迷惑そうな顔で言われた。

僕はずっと志望校も決めかねていた。いったい、やりたいこともないのである。こうした職業に就きたい、というものがない。理想は、ただ自由に毎日を生きるだが、そんなことができるはずもない。なりたいものは大学に入ってから決めるんだ、学友の多くはそう言ったが、僕は少し頭がおかしいのか、その手前で足踏みしてしまう。焦燥と憂鬱で悶々としているうちに、何のために生きているのかも分からなくなってきた。いったい我々は何のために生まれ、何の意味があって人生を送り、なぜ死んでいかねばならないのか。こうしたこととの答えは、哲学と宗教にあるように思われた。ほかの学部には興味が持てないのだから、進学するならこの二つのどちらかだろう。

が、しかし、僕の偏差値で入れるところなんてあるのか。調べてみると、駒澤大学の仏教学部なら受かりそうだ。本来仏教なんて恐ろしく難しいはずだが、これも時代なんだろうな。僕は駒澤大学に願書を出した。

久しぶりに行った予備校で、天童くんに、弘前大学を受験したいので、和嶋くんの実家に泊めてくれないかと言われた。僕は彼から足が遠のいていることで引け目を感じていたから、もちろん承諾した。弘大は、親の手前僕も受験した。共通一次の悲惨な結果からいって受かるはずもなかったが、天童くんと試験会場に向かった。僕は言葉少なかった。晩御飯を彼に供する時——ああ、なんと僕の冷たかったことか、彼の前に膳を置き、僕は階下に降りてしまった。天童くんは、弘大に受からなかった。その原因の一端は、確実に僕にある。あんなに居心地の悪い宿はなかったはずだ。さぞや天童くんは僕のことを恨んだであろう。今でも僕は、このことで夢にうなされる。謝りたいけれども、合わせる顔がない。

大学時代

仏教青年会

駒澤大学入学式*。僕は仏教学部仏教学科の列に並んでいる。学長挨拶などひと通り終わった後、一同般若心経を唱えるとなった。ああ、仏教学部に来たんだなあと実感した。最初の英語の授業で驚いた。恐ろしくレベルが低いのである。これでは中学生の英語だ、一瞬、自分がどこにいるのかも分からなくなった。高校に入学してすぐの英語の授業では別の意味でそう感じたが、とんでもないところに来たと思った。ここで四年間過ごせるだろうか。まことに罰当たりなことを書いてしまうようだが、そうした状況にさっさと見切りをつけ、仏教学部では一学期のうちに自主退学するものが実に多かった。僕の脳裏にも、〝退学〟の二文字が浮かんだ。

オリエンテーションの時間だった。これから仏教青年会部長の方から、一言皆さんにご挨拶があるそうです、と教授が言い、その部長なる人物に壇上を譲った。「ええ、皆さん、仏教学部にようこそ。仏教青年会というのは……」。暖色系のブレザーを着て、終始にこにこと笑顔で説明をするその部長に、僕はひどく魅力を感じた。英語の授業の印象を吹き飛ばす、知性がほとばしっていた。教室はざわついていて、あくびなんかをしている奴もいたが、部長は気勢をそがれるでもなく頰を紅潮させながら、熱心に語る。壇上が輝いて見えた。

退学の文字もちらついていたが、逡巡の末、仏教青年会の戸を叩いた。ドアを開けた途端に、ちょうどそこに立っていた、のっぽで眼鏡の学生がおおっとのけぞった。「一人来たよ！」。なんだ僕だけなのか。すると部長がやって来て、のっぽが「一人来たよ！」。同じことを言う。それからは下にも置かないもてなしで、ジュースやお菓子なんかが出される。聞けば、現在部員は全員三年生で七、八名ほど、部の主な活動としては経典の勉強会、および研究発表を通じての他大学との交流などなど、あの説明会の後に来た新入生は僕一人、このままでは部の存続が危ぶまれる、とのことであった。「でも、難しく考えなくていいんだよ。今は勉強会もあまりやってなくて、こうしてみんなでお茶を飲んだり音楽を聴いたり、そりゃ楽しいもんだよ」。そう、小池と名乗る部長がにこにこ言うのであった。だいぶ弛緩してるな、とは思ったけれど、部室の雰囲気に何か変わり者の琴線に触れずにはおかないものがあるし、ラジカセからは聴いたことのない不思議な音楽が流れている。「入部するかどうかはゆっくり決めていいよ」。退学の二文字が遠のいてゆく……。

蝶が花に誘われるようにふらふら部室に通ううちに、いつのまにか部員になっていた。あの不思議な音楽は、ユーロロックというのであった。おおざっぱにいうなら、イギリス以外のヨーロッパのプログレッシヴロックである。それまでブリティッシュのプログレしか聴いたことのない僕の耳には、とても斬新に響いた。というより、頭のおかしい音楽に聴こえた。ソフト・マシーン、ゴング、グル・グル、バンコ、ネクター、いろいろ先輩方から教わった。仏教青年会、略して仏青は、ほぼユーロロック研究会の様相を呈していたのであった。部長の小池さんを含む数名の思惑によってそうなったらしかったが、そのぐらい小池さんにはカリスマ性があった。また小池さんが、たった一人の一年生である僕をよく可愛がってくれた。「和嶋、原付免許あるのか。中免取れよ」。小池さんは当時型遅れの、しかし暴走族には大人気のホンダのホークIIを持っていた。僕も小池さんと走りたいものだから、ホイホイと免許を取る。カワサキのZ250FTを買った。のっぽで眼鏡の成島さんは、スズキのGSX400Tだった。時代はバブルで軽薄なテニスサークルばっかり、こちらは地味な仏青でしかも新入生は僕一人、それでも青春を謳歌するように環八をレッドゾーンまでぶん回して走ったり、とても楽しかった。僕が、今のアパートはボロいし、金縛りにあったりして怖いと小池さんに言うと、自分のところが今一部屋空いてるから来いとなる。それからは、半分小池さんと同棲する形になった。なにしろ寝る時間以外はほとんど小池さんと一緒にいるのである。一緒にステレオで音楽を聴いて、小池さんの作ってくれたご飯を食べて、外にバイクで走りに行って、帰って来てまた一緒に酒を飲む。バーボンやウォッカの美味しさは、小池さんに教えてもらった。会話していて、話題の尽きることがない。僕の興味のあることばかりを、少し甲高い声で身振り手振りを交えながら、いつも笑顔で語る小池さんは、魅力的だった。そうして、女性の話は一切出なかった。僕も小池さんも、彼女がほしいなんて一言も言わない。その言葉を口にしたら、僕と小池さんの楽しい時間が台無しになる気がした。「和嶋、シャワー浴びに行くか」。二人ともお金がないから、時々近所の公園で頭を洗った。冬空の下、水道の蛇口をひねる。「キャー!」。頭が刺すように痛いのだった。夜の公園で、二人で腹を抱えてのたうち回るように笑った。

二年生の半ばに、和嶋は少し生意気だという話になった。のっぽの成島さんを、二人でいつも揶揄していた。成島のGSX400Tだが、あのTってなんだ、トラディショナルか、GSXならまだLのほうがいいだろ。——今ならTのカッコよさがしみじみと分かるが、当時は不人気車種だった——。最初はバイクから始まったものが、どんどんエスカレートしてきて、僕も図に乗り、次第に成島さんを下の名前で呼び捨てにするようになった。後輩のお前が呼び捨てにするな、という話である。厳重に注意された。どうもそれ以来小池さんとの関係がちぐはぐになってきて、僕は小池さんから距離をおくようになってしまった。またあの冷淡さの再来である。ただ反省して気持ちを入れ替えればいいのに、どうしてそれができないんだろう。

三年生になって、小池さんたちがいなくなってみると、ぽっかりと心に穴が開いたようになった。はて、仏教学部には来てみたけれど、そういえば自分は全然仏教の勉強をしていないぞ。焦った。三年生にもなっているから、今さら大学を入り直すなんて発想は出なかった。突然難しい経典に挑んでもちんぷんかんぷんだろうから、まずは実践からいくことにした。参禅部の門を叩いた。参禅部は、旧ユーロロック研究会の仏青とは違って、いたって真面目な部であった。放課後には座禅堂で禅を組み、春夏冬の休みには接心に行く。接心とは、一週間ほどぶっ続けでお寺で座禅をすることである。事情を話し、仏青ならば入部せずとも一緒にやりましょうということになった。それからは毎日のように座禅堂に行く。紅顔の美少年といった趣きの三田くんと、哲学青年風の福田くんと特に親しくなった。三田くんはいかにも女性にモテそうな風貌をしていたが、超がつくくらいの真面目で、サンスクリット語に挑戦していた。一方の福田くんはその外貌通りに哲学に明るく、ヴィトゲンシュタインを信奉していた。彼のノートに書きつける詩のような、警句のような文句に僕はうなったものである。三人して夜遅くまで、よく部室で語り合った。話題はおおむね、宗教全般、哲学、文学、音楽であった。詳しくない分野はそれぞれ上っ面であったろうが、刺激に満ちた時間だった。三田くんはたまに、女性の恐ろしさを口にした。お腹が空くと、近所のスーパーに走って、パンの耳や切り干し大根などを買ってきて、食べた。一度三田くんが、安かったと言って猫用の缶詰を提供してくれたことがあったが、あれは不味かった。三人とも座禅がしたくてうずうずしているから、座禅堂だけでは足りないと、しばしば夜の駒沢公園に出かけて禅を組んだ。世はバブル、人が見たらどう思っただろうか。

接心の時には、一緒についていった。ほぼ毎回僕は参加したと思うが、よく行ったのは新潟県三条市のお寺であった。最初の接心は、とにかく足が痛かったことしか覚えていない。一週間も責め苦のような苦痛を味わわされて、ここはお寺じゃなくて地獄かと思った。冬がまた辛かった。ストーブをガンガン焚いて、頭から毛布をかぶるのだが、そんなことでは極寒の新潟の冷気が本堂に忍び込むのを防げはしない。お寺はオープンエアかと思った。四年生の夏休みであった。もうその頃は肉体的にはだいぶ慣れてきていて、あとはこの湯水のように溢れてくる厄介な雑念をどうするかだった。四日目だったか、座れている感じがした。雑念はただ僕の前を通り過ぎていくだけだった。それを捕まえることもしない。そうするうちに目の前の景色が輝き出して、すべてが黄金色に包まれた。畳も、境内も、彼方に広がる森も、畑も、すべてが輝いていた。恍惚とした。まるでゴッホの絵のようだった。経行《きんひん》の鐘が鳴り、おい、と修行僧に叩かれた。ぼーっとしていたらしい。

接心では、独参といって、夜に老師と一対一で対話することができる。老師はその世界では知らない人のいない方であったが、「今日世界が金色になりました」と僕が告げると、「まだまだじゃな」と言った。

＊駒澤大学　その頃の仏教学科はお寺のご子息が過半数を占めていて、在家の者は三分の一もいなかったでしょう。今は、その割合が逆転していると聞きます。学生運動の余波がまだ残っていました。仏教青年会は文化部でしたので、学園祭シーズンにはシュプレヒコールをやらされます。なぜか僕は活動家たちに気に入られてしまったようで、和嶋くんは就職するの？　などと勧誘みたいなことをよく言われまし

た。僕に過激派の匂いを感じたのでしょうか。

デビュー前夜

人間椅子誕生

大学では、音楽サークルに入るつもりはなかった。どうせ入るなら駒澤らしいものにしたかったし、バンドだったら文通していた鈴木くんと組むと決めていたからである。鈴木くんは上智大学のロシア語学科に入学した。駒澤の僕にしてみれば上智の敷居は高かったが、やはり彼の様子はうかがいたく、しばしばその門を潜った。鈴木くんは、〝人形劇団チロリン村〟という劇団に入部していた。ヘヴィーメタルが大好きな鈴木くんが人形劇か！　と意表を突かれたが、おそらく鈴木くんの目には、人形劇にも様式美があると映っていたものだろう。僕だって仏教青年会にプログレッシヴ要素を感じていた。いや、そもそも実態はユーロロック研究会だったが。わりとすぐに、カバーバンドは始めた気がする。メンバーは死ね死ね団の精鋭、もとい残党だった。ユーライア・ヒーブリティッシュハードロックを中心に、それこそなんでもやった。

プ、レッド・ツェッペリン、ブラック・サバス、ショッキング・ブルーの「ヴィーナス」なんてのまでやった。長山洋子より一年早かった。僕の趣味が採用されてビートルズもやったが、本当はジョンのパートが歌いたいのにキーの関係でポールとなって、ほぞをかんだ記憶がある。まるで課題曲をこなすように、練習の度に新しい曲が増えていった。当時のドラマーは一足早く就職していたし、鈴木くんはどうやら学内に熱を上げている人がいる節があったし、僕は僕で小池さんとの半同棲生活に忙しかったが、そんな中よくもあんなに曲を覚えたものだと思う。死ね死ね団の残党には情熱があったのだ。

オリジナル曲を作り出したのは、三年生の頃からだったと思う。カバーを重ねて、だいぶハードロックの勘どころが把握できつつあったからだ。鈴木くんがカセットテープのMTRを大枚はたいて買った。それからは東高円寺*の鈴木スタジオで作曲の日々。歌詞には難渋した。弘高の英語の難易度の高さに衝撃を受けた僕が、英語で歌詞を書いてみたりしたが、自分で読んでも文法がおかしい。英語は却下。キング・クリムゾンに憧れていたから、ピート・シンフィールドがほしいと、参禅部の哲学詩人、福田くんに作詞の依頼をしたが、まずは曲を聴かせてくれという。仏青のラジカセでデモテープをかけてみると、難しくて無理とのつれない返事。万事休す、やむなく自分で書いたのが、「猟奇が街にやって来る」であった。

ぼちぼちオリジナル曲も揃ってきたし、ライブハウスに出たいねとなった。その頃唯一の情報誌、ぴあを眺める。えっ、もうブッキングされている⁉　そんなはずはない、すでに東京に死ね死ね団というバンドが存在していたのだった。やはり暗黒の精神構造を持つ者は全国に散らばっているようで、頭を抱えた。改名だ。よもや英語のバンド名をつける気などさらさらない、鈴木くんがロシア語を提案する懸念があったが、歌詞が日本語なんだから日本語しかないとのことで意見の一致を見、胸をなでおろした。僕らのオリジナル曲は、ブラック・サバスを踏襲していた。あたう限り恐怖に満ちたバンド名にしよう。小説から頂くってどうだろう、マウンテンの「悪の華」やアイアン・メイデンの「モルグ街の殺人」みたいでいいじゃないか。二人とも、江戸川乱歩の愛読者であった。「二銭銅貨」。違うなあ、売れないよ。「心理試験」。うーん、サイケデリックバンドだ。「ペテン師と空気男」。サイモンとガーファンクルだよ。「鏡地獄」。中はどうなってるのかなあ。「人間椅子」。それだ！　バンドは、人間椅子と命名された。

都内のライブハウスに、少しずつ出だした。最初は、ぴあに人間椅子と掲載されているだけで小躍りした。だが、お客さんは友人知人ばかり、楽曲もまだまだ足りない。

その頃ドラマーは、後に一緒にデビューすることになる上館さんになっていた。四年生も終わりに近づき、鈴木くんがソ連に卒業旅行に行くことになった。出発前、鈴木くんはリフを幾つかMTRに残していった。よし、鈴木くんがソ連を周遊している間に、ひとつこれらを曲として完成させてやろう。帰ってきたらきっと驚くぞ、そしてこれを僕からのお土産としよう。一方的な善意とは恐ろしいもので、僕は図々しくも勝手に鈴木くんの部屋に上がり込み、何日間も寝泊りをした。鈴木スタジオには、伝家の宝刀ワウワウを持ち込んでいた。当時ワウは忘却の彼方に追いやられんとしていたが、何といっても七十年代ハードロックには必要不可欠なものである、僕はほこりのかぶったそれを、先日楽器屋から入手したばかりなのだった。まず鈴木くんのリフの幾つかを発展させて、「りんごの泪」の骨子を作った。そして不吉なリフが浮かんだので、ついにワウを登場させ、「陰獣」をものした。鈴木くんに禍々しく歌ってほしかったから、メロディには手をつけずにおいた。まだ鈴木くんが帰るまでには間があるな。ギターを爪弾くうちに、「神経症 I LOVE YOU」が出来上がった。この数日間は、至福の時であった。際限もなく曲が浮かんだ。鈴木くんのおかげで、僕は音楽の世界に卒業旅行することができたのだった。

ソ連から帰国するなり、鈴木くんはリフが楽曲になっていることに大喜びし、すぐさま「りんごの泪」と「陰獣」に歌を吹き込んだ。我々の前途は明るいように思われた。

世田谷のガウディ

東京に出て初めに住んだのは、世田谷区若林のアパートであった。環七から入ってすぐ、世田谷線の線路沿いにあった。若林の地名が、夢野久作の『ドグラ・マグラ』に登場する若林博士を連想させて、面白いと思ったからである。くたびれた感じのする陰気なアパートで、頻繁に金縛りにあった。すぐに引っ越したいと思った。仏教青年会の先輩、小池さんにそのことを訴えると、三軒茶屋にある自分のアパートに来いという。伺ってみて、驚愕した。全面タイル張りなのである。まるで風呂場の内面が外側にひっくり返った、タイルのクラインの壺である。しかもそのタイルの形が一定ではなく大小様々入り乱れ、色も白やら赤やら青やら斑やらはなはだ無節操なあしらい、しかるに何やら吾人には測りかねる独特の法則性があるような気がしないでもない。狂気の匂いがした。よくぞこんなところを小池さんは見つけたものである。僕も猟奇趣味においてはやぶさかではないから、論をまたずに即決した。

入居してみて、その猟奇性にますます圧倒された。部屋が幾つあるのか分からない。増築に増築を重ねたものらしく、長いのやら短いのやら階段が何本もあって、その途中途中には中二階、「えっ、こんなところに？」という暗がりに部屋がある。廊下は迷路さながらに入り組み、タイルの壁は垂直なものとてなく不安な曲線を醸し出し、玄関は大家のも入れて三つあった。どうしても全体像を把握することができない。大家の精神に狂気が潜んでいる気がした。ご想像がつくように、部屋の中も全面タイル張りである。すなわちこの屋敷にいる限りどこに行こうとタイルに見張られている、鏡地獄ならぬタイル地獄であった。

タイルの中は、人の住むのに適したところではない。一年中風呂場で暮らすようなものである。夏がめっぽう暑い。熱の逃げ場がなく、まさに風呂屋のサウナ室になる。東京の夏は暑くて地獄だと思ったものだが、そうではない、僕が地獄に住んでいたのだ。冬がまた極地なみに寒い。冬に冷えた風呂場に入ってブルブル震え、茶の間に戻ってほっと一息をつくという経験は誰しもあると思うが、そのほっと一息、がないのである。人心地がつかない部屋なのである。春の来るのが待ち遠しかったこと。

それでも小池さんと同じ屋根の下にいるから、毎日が愉快だった。楽しく暮らしていれば、多少の生活の不如意は我慢できるのである。まれに、アパートのガラス戸を開けて出会い頭に、声をかけられることがあった。「いいねえ。君ここに住んでるの？」「はい」。カメラを片手に、タイル御殿の写真をパシャパシャ撮っている。「いいねえ。ガウディだよ」。そういえばこのアパートは何かに似ていると思ったら、サグラダ・ファミリアだ。だいぶドメスティックだが、有機的に入り組んだ感じ、どこが入口だか分からないところ、確かにガウディの作を彷彿とさせる。さてはここは三茶のサグラダ・ファミリアだったか。急に僕は、地獄屋敷ではなく芸術的建築物の住人になった気分がし、鼻高々となったことである。

四年生になって、小池さんがタイル屋敷から引っ越していき、なんだかアパートの中がガランとした感じになった。参禅部の仲間の下宿が一部屋空いているというので、そちらに移ることにした。世田谷区の奥沢であった。転居してから気づいたがたいへんな高級住宅街で、スーパーに行くと毛皮のコートを着た有閑婦人ばかり、リンゴ一個も高くて買えやしない。買い物ひとつするにも苦労したが、閑静なところだったので、創作には最適だった。ずいぶんの歌詞をここで書いた気がする。下宿だから風呂はない。奥沢は銭湯は少なく、もっぱらコインシャワーを愛用していた。当時はいたるところにあったのである。コインシャワーにはコツがあって、制限時間内にすべてを終えなくてはならない。真っ裸になってからお金を入れて、パパッと済ませる。たまに機械が故障している時があって、そうした時は全裸で真っ暗闇のシャワー室に茫然と立ちつくすことになる。ある時、何の気なしに返却ボタンを押したら、百円玉が落ちてくる。また押すとやっぱり落ちてくる。押すと、落ちる。押す、落ちる。押す、落ちる。そんなことを繰り返していたら手元が百円玉でいっぱいになった。神様からのお恵みだと思った。

ずっと風呂なしに住んでいた。学生の頃はもちろん、ついこの間までも。僕が風呂つきに住めるようになったのは、女性と暮らしていた時を除いて、ほんの三、四年前からのことである。もう四十も半ばを過ぎてからのことだった。そのことで恥ずかしいと思ったことはない。むしろ人がなかなかできない経験をしていると思っていた。今でも、内風呂に入るのは何だかおさまりが悪くって、よく銭湯に出かける。学生の時と自分は何も変わってないなあと思いながら。

学生時分のアルバイトは、警備員だった。仏青の先輩方の紹介で始めた。駐車場の誘導、ビルの管理人、人員誘導、などなど。駐車場の仕事は立ちっぱなしだし、酷暑厳冬が辛いし、乱暴な運転手には人間扱いされないしで、あまり好きではなかった。管理人のほうが、性には合っていた。町田の駅前にあるテナントビルの夜警をやった。先輩方からコツを教わっていたので、巡回報告を適当にごまかし、仮眠どころか爆睡に持ち込んでいたりした。それでもビル内を何度か見廻らなくてはならない。回転寿司屋のカウンターを、ササーッとゴキブリがレースをしていてドキッとする。パン屋の調理台の上を鼠が運動会していてウワッとなる。呉服屋のショーケースの後ろに真っ青な顔をした着物の女が、女のマネキンが怨めしそうに佇んでいて、ギャーッとなる。生理的恐怖と心理的恐怖で身の縮む思いがしたが、肝っ玉の訓練にはなったかもしれない。

恵比寿にある製造業の自社ビルの管理人をやった。こちらは日中で、しかも日曜休日のみだったから平和なものだった。休日出勤をする社員のチェックと、ビルの巡回が仕事だった。訪れる社員は少なく、暇を持て余した。昼寝するか、本を読むか、鈴木くんに電話するかした。鈴木くんもけっこうつきあってくれて、話がはずめば三、四時間くらいは喋った。電話代は会社持ちだったが。巡回している時にある張り紙を見つけた。「OA的反省◯　文学的反省×」。社員への訓示だろうが、僕は文学的反省を否定されているのが気にくわなかった。確かにOA的反省、すなわち合理的思考は仕事にとっては大事だが、人間は機械ではない。文学的反省こそ芸術を生み出すのではないのか。よし、僕は文学的に生きてやろう。すっかり日も暮れていて、恵比寿のビルには誰もいなかった。

運命

　大学四年生ともなれば、就職活動が始まる。時代はバブルで景気がよかったから、それほど切羽詰まった空気は流れていなかったが、にしても活動しなくては仕事に就けない。キャンパスのあちこちにリクルートスーツに身を包んだ学生たちが見受けられだした。鈴木くんも就職活動を始めたようだった。彼は奨学金で大学に入ったこともあり、やはりそうするのがまっとうだっただろう。僕はといえば、仏青が相変わらず存亡の危機に立たされていたので、あと一年留年するかとか、卒業したらとりあえずアルバイトだなとか、具体的な先の展望はまるで何も考えていないのだった。親には、仏教学部は就職に不利なんだよなどと言い訳を言って、その場をしのいでいた。確かに厳しくはあったが、仏教学部でも在家の学生はきちんと就活をしていたのに。僕はまったくの、親不孝者であった。鈴木くんとの間には、バンドは趣味で続けていくほかないか、という空気が流れ始めていた。

　御茶ノ水のディスクユニオンに、中古レコードを探しに行った。ブルースロックが好きだったから、その類いを買うつもりだったのだろう。一枚一枚めくって品定めをする。何かの気配を感じふと目を上げると、向かいのヘヴィーメタルコーナーで、鈴木くんがリクルートスーツを着てレコードを物色していた。彼も気がついたようで、おやっという顔をしている。「和嶋、なぜここに」「研ちゃんこそ、就職活動なんじゃないの」「レコードが聴きたくて」「おんなじだよ」。陳列棚を間にはさんで、会話をした。それまで鈴木くんと街でばったり会うことなどなかったのである。東京には一千万人以上いる。待ち合わせでもしない限り、会いたい人に会えるものではない。よしんば同じ生活圏内で似た趣味嗜好の持ち主同士だとしても、起居するところから離れてはそうそう出会えるものではない。何か運命的なものを感じた。バンドが続きそうな予感がした。二人ともロックが好きなんだからそれをやりなさいと、誰かが言っている気がした。鈴木くんもきっとそう思ったに違いない。

鈴木くんは、あと一年でいいから本気でバンドをやらせてくれと、親に頼み込んだようだった。僕も、留年の考えはきれいさっぱり捨て去り、親に頭を下げに行った。バンドで実力を試したい、鈴木くんとならうまくいきそうな気がする、当面はアルバイトでしのぎ、目が出なかったら就職する。親としては、できれば地元で就職させたいはずだったから、こちらも真剣だった。ここで駄目と言われては、高三で勉強しなかったことも、その結果あえて就職に不利な仏教学部に入ったことも、すべて無意味になる気がした。そうだ、僕は何かから逃れるように、あえてそうしてきたのだ。優しい親心だった。一度は社会で好きなことをやってみろと、許してもらえた。ありがたかった。

＊高円寺　高円寺界隈には、通算で二十年近く住んでいました。さまざまの思い出があります。いっぱい曲も作りました。いっぱい涙も流しました。いつも飲んだくれ、苦しんで、そして夢を見ていました。酔っぱらって眺める青梅街道は、ゴッホの「星月夜」のように見えたことです。この本の取材で、久しぶりに高円寺南一丁目のアパートに行ってみました。取り壊しが始まっていました。一つの時代が終わったんだと思いました。

第三章　暗黒編

バンドデビュー

イカ天出演

大学を卒業し心機一転、僕は鈴木くんの住む東高円寺の隣の、新高円寺に引っ越した。できるだけ安い物件をと、机一個だけの小さな不動産屋に入り、アパートを即決した。初日はまだ部屋が空かないとのことで、薄暗い三畳間に通され、かび臭くて眠れなかったのを覚えている。火葬場の近くだった。晴れて風の強い日などはえもいわれぬ臭気がしてきて、ああこれが死体を焼く臭いかなどと思ったものである。築年数の古いアパートで、僕は二階の四畳半に住んでいた。雨が降ると必ず雨漏りがして、僕は洗面器やコップやどんぶりを持って対応に追われねばならないのだった。陰気な空気が淀んでいて、住んでいる人たちもみんな陰気で、いつも静まり返っていた。しかし僕はその陰鬱さにむしろ心地よさを覚え、バンド活動という目的ができたことにも喜びつつ、新高円寺での生活を始めたのだった。

アルバイトは、歩いてすぐの本屋が人員を募集していたので、そこに決めた。今はもうない本屋だが、こぢんまりとしていて、若いご夫婦の経営するアットホームな書店であった。レジ打ちよりも、僕は主に新刊書の整理や在庫の管理をやった。元図書局長であるから、これがもう水を得た魚のように働く。天職ではないかとすら思った。コミックに立ち読み防止のビニールを巻く、単純作業一つとっても面白い。「人間失格」の歌詞は、コミック巻きをしながら思いついた。そうするうちに店長も、和嶋くんはデキる、となる。本の陳列のかなりを任される。本屋は大手の山下書店系列なのだったが、ある日店長と居酒屋で飲んでいると、どうだ和嶋くん、よかったら山下書店を紹介するよと言われた。心が動いた。当時の僕は、バンドが駄目だったら書店に就職しようと本気で考えていた。

バイトが終わると、鈴木くんと上館さんと、東高円寺の音楽スタジオで練習した。上館さんはガス屋で働いていて、鈴木くんは居酒屋と吉野家の掛け持ちだった。スタジオにはよくガス屋の社長さんが、ケンタッキーフライドチキンの差し入れを持ってきてくれた。僕らはそれを頬張りながら、練習を続けるのだった。新曲は地道に増えていった。「人間失格」を作ってしばらく経ったある夜、僕はその歌を口ずさみながら、一人で新高円寺の歩道橋の下を歩いていた。いい曲ができたなあ。この〝自意識過剰があざ嗤う"ってところなんかかなりのもんだよ。悦に入っていたが、ふと我に返る。待てよ、確かにいい曲ができて、自分はそのよさを十分に吟味できるが、この曲を知っているのは世界にたった三人だ。いったいこの曲が人の耳に届く日なんて来るのだろうか。僕は広大な世界にぽつんと一人でおいてけぼりにされたような、不安いっぱいの気持ちのまま、歩道橋の下に立ちすくんでいた。

イカ天といって、アマチュアバンドが出られるテレビ番組があるらしいよ、スタジオでそのことが話題に上った。とにかくライブに知人しか来ないのだから、駄目もとで応募してみよう、始まってすぐの番組だから、チャンスはあるんじゃないか。満場一致でライブのビデオを送ったのであった。そうしたらすぐに出演依頼の返事、説明会には鈴木くんが行った。録画当日、日比谷のスタジオに入り、二回ほど演奏をやらされた。鈴木くんはこのところお気に入りの、汚れたシーツで作ったねずみ男の衣装、僕は上は半纏に、下は中二以来愛用のもんぺ、上館さんはちゃんちゃんこという出で立ちだった。その日だったか別日だったか、夜に生放送があった。「さあー、人間椅子です！」。僕らが普段着で登場する。なぜそんな恰好をしたのか自分でもわけが分からないけれど、僕はその時ミッキーマウスのTシャツを着ていた。ディズニーランドに行ったこともないのに。父が修学旅行でディズニーランドを訪れた際の、お土産だったかもしれない。父はこちらがうんざりするぐらい、ディズニーランドはいい！と言っていた。さて、イカ天はビデオ演奏がよければ最後まで放送され、よくなければ途中でワイプされるというシステムであった。その判断は審査員にゆだねられる。僕らは無事完奏であった。ねずみ男が、ドッと審査員に受けていた。さあ、審査である。イカ天キングになれば次週へ勝ち抜き、その他はこれっきり。僕らはパフォーマンス賞、プレイヤー賞をもらい、キングにはなれなかった。でもいいじゃないか、テレビに出られたんだから。当初の目的は果たしたよ。

次の日、上館さんと練習に行こうと、一緒に東高円寺を歩いていたら、向こうからやって来た女の子が「キャー！　人間椅子」とはしゃぐ。それまで女子にキャーなんて言われたことはなかったから照れ臭かったが、同時にこれは恐ろしいことになったぞと思った。自分の知らない人が自分のことを知っている、そのことが怖い。また、気をつけなければ勘違いして自我が肥大していきそうで、それも怖い。厄介なことになったと思った。

次のライブからはお客さんが飛躍的に増えた。今までの十倍はあったろう。というよりそれまでほぼ友人しか来ていなかったのだから、初めてお客さんが来たことになる。テレビの力は恐ろしいと、また思った。どこに行っても「イカ天見たよ」とちやほやされる。ライブをやれば女の子にキャーキャー持てはやされる。自重しようと思ってもどうしても調子に乗ってくる。駒沢公園や新潟の寺で座禅を組んでいたのが、遠い日々のようだった。待てよ、これは一過性ではないのか。だって、自分たちのやっている音楽は特殊なものだ。イカ天に出た時の「陰獣」だって、あれはラヴクラフトのクトゥルー神話を、夢野久作的土着性で解釈したものだ。女の子がラヴクラフトに嬌声を上げるわけがない。イカ天の審査員も言ってたじゃないか、あなたたちの音楽はオタクの音楽だって。それは自分でも分かっている。散歩しながらよく考えたものだ、世の中の人が求めているのは、ブルーハーツみたいなシンプルで率直で、高踏的にならない優しいメッセージを含んだものなんだ。しかるに僕らの音楽は屈折している。あえて腰を折るように変拍子を入れたり、人を煙に巻くような哲学用語や仏教用語、現代詩みたいな言い回しをする。でもそれがカッコいいと思って始めたんだ、僕らはブルーハーツになれやしないから。どんどんジレンマに陥っていきそうだったが、くねくね考えている暇もないほどに、僕らは忙しくなってきた。

キングにはなれなかったが、よほどのインパクトを残したようで、人間椅子は様々のイカ天イベントに駆り出されるようになった。今日は名古屋、明日は福岡。学園祭もずいぶん回った。ライブに限っての忙しさでいえば、いまだにあの平成元年を超えるものはない。東京での大きなイカ天イベントでは、ほぼレギュラーだった。だいたいイロモノの日、本格派の日の二本立てだったが、人間椅子は常にイロモノに割り振られてしまい、それが僕には不服だった。やっぱりブルーハーツにはなれないのか。

多忙過ぎてバイトにも行けなくなり、本当に残念だったけれど、店長に事情を話して本屋は辞めることにした。僕のために、送別会まで開いてくれた。次の年の元旦に、武道館でイカ天イベントが開催された。ビートルズと同じステージに立っている——ビートルズを聴いて初めてギターを手にした自分には、特別感慨深いものがあった。本屋のご夫婦が見に来てくれていた。客席が遠すぎて、どこにいるのだかさっぱり分からなかった。

ステージで歓声を浴びて、その後新高円寺の陰気なアパートに帰って来る度に、いつも不思議な気がした。今までの激しい演奏がまるで別世界の出来事のような、静寂だった。相変わらず雨漏りがして、湿気っていて、そして死体を焼く臭いがした。台所の三角コーナーにキャベツの芯を入れっぱなしにしていたら、キャベツの黄色い花が咲いた。小さくて、きれいだった。秋雨の頃に一週間ほどイカ天のツアーがあり、帰って来ると畳と柱の間から、キノコが何本も生えていた。二、三種類はあっただろう、煮たら食べられそうだった。その頃僕は雑誌に原稿を書いていた。まだプロデビューもしていない、一介のアマチュアバンドマンの僕がである。イカ天の社会への影響力は、そのぐらい絶大なるものがあった。さてその雑誌に、僕の部屋にキャベツの花が咲いてキノコが生えたことを書いたら、それがさる筋の方の目に留まったようで、クイズダービーの問題として出題された。イカ天は青森で放送されていなかったので、渡りに船とその旨親に伝えると、父も母も喜んでテレビを見てくれたようだった。少し親孝行をした気分になった。

デビューへの不安

イカ天は、半ば青田買いの様相を呈していた。いくつものバンドのデビューが内定していた。僕らにもお声が掛かり、レコード会社何社かと面談した。軽薄な人もいれば、役人みたいに真面目そうな人もいた。ビクターのスタジオでデモテープを録音させてくれる、となった。サザンオールスターズのよく使う場所だという。「いとしのエリー」で「人面瘡」か、なんだかおかしくなった。そこはとても設備の整った素晴らしいスタジオで、さすが最先端のプロの現場は違うと感嘆した。ミキサー卓を操るエンジニアの手際もよく、何もかもが初めて見る世界だった。「陰獣」「りんごの泪」

「人面瘡」などを録音したと思う。僕が、「人面瘡」のイントロのアルペジオをクリックなしで重ねるのを見て、お世辞かもしれないが、エンジニアが上手いねえと言ってくれた。MTRで慣れていたからそれほどでもなかったが、プロの現場の人にほめられて、ちょっと得意な気分になった。

人間椅子は、メルダックという新興のレコード会社にほぼ決まりかけていた。ブルーハーツと同じだった。彼らはすでに移籍していたが、ヒット曲の多くをここメルダックで出していた。大規模なところではないが、自由に曲を作れる雰囲気があるから、君たちには合っているだろう、番組のトップの人はそう勧めるのだった。僕らはデビューのできることを、素直に喜んでいた。だが僕の心の声は、こんなにトントン拍子で進んでいいのか、何か大事なことを忘れてやしないか、大学を出てすぐにまるで就職するようにデビューして、ロックはそれでいいのか、としきりに囁くのだった。

連載していた雑誌の関係で、あるラジオ番組に呼ばれた。ゲストは、漫画家の大友克洋さんと、江口寿史さんと、そして僕だった。なんだ大御所じゃないか、僕がここにいていいのか。江口さんは物腰の柔らかい、優しそうな方だった。一方で大友さんは、でんと構えた、内側に何か沸騰するものを抱え込んでいるかのような、凄みを感じさせる方だった。番組が進むうち、大友さんが僕に向かって喋った。「なんだお前、これからデビューするんだって？　全然苦労してないだろ」。その通りだった。僕の心の囁き声は、まさにこのことを言っていたのだ。「はい、すみません」。返す言葉もなかった。ぐうの音も出なかった。大友さんは売れるまで、ずいぶん苦労された方である。辛酸を舐めることの意味、食えることのありがたさを身に染みて分かっている方だ。そんな大友さんからすれば、僕など大学出のぼんぼんで、ちょっと周りにちやほやされて、調子に乗っている若者にしか見えなかったのであろう。そして事実その通りなのだ。苦労が足りないと思った。苦労せずにデビューしても、きっとつまづくだろう、いいものを作り続けることはできないだろう、そういうことを暗に大友さんは言いたかったに違いない。ぶっきらぼうな物言いだったが、あれは先輩からの忠告だったのだ。僕はずっと、この大友さんの言葉を忘れることができなかった。

どの芸事、いや昔の丁稚奉公、職人、現代のサラリーマンだって皆そうだろう、長い下積みを経てものになる。花が開く。ことに個人の才能に頼る職種ならなおさらそうだろう。バンドならば、アマチュア時代の下積みが必要だ。なのに人間椅子は大学を出てすぐテレビに出て、そして今デビューしようとしている。幸運だ。親が納得した上でバンドを続けて行くにはこれ以上ないぐらいに幸運だ。だが苦労をしていない。僕は子供の頃、自ら苦労をしたいといって、トランプ占いで試練のカードを選んだのじゃなかったか――。この先、いつか苦労の日々が来るような予感がした。
デビューの準備は着々と進んだ。事務所は、いくつか候補が上がったが、元渡辺プロダクションの方が僕らのために新たに設立してくれるというので、そこに入ることにした。その方は、沢田研二さんなどを担当していたこともあるそうで、芸術家風で、そして実際に私家版の本なども出していた。どこかある一面にルーズさが潜んでいるように見えなくもなかったが、しかし僕はそういう人が好きなのだった。何せ僕は中学校の頃、遅刻で学年二番を取った男である。この事務所で大いに楽しみ、大いに苦しもうと思った。

イカ天交遊録

イカ天でまず仲良くなったのは、マサ子さんだったと思う。お若い方のために言っておくと、これはマサ子さんという個人ではなくバンド名である。イロモノイベントでよく一緒になり、自然と交流が始まった。メンバーのマユタンとサブリナが姉妹で、そこのお宅に幾度かお邪魔した。どちらもフルメンバー、マサ子さんは女子高生バンドであった。箸が転んでもおかしい年頃とは、このことかと思った。仕草、言動、そのいちいちが微笑ましい。生命の躍動感にあふれ、歓喜の輝きを放っていた。こちらは仏教学部で四年間禁欲生活を送っているから、もう楽しくって仕方がない。お家は小さな宗教を開いていたようで、そこの教祖さまである親御さんが、何か同類項の匂いを嗅ぎつけたものか、僕のことをやたらに可愛がるのだった。「キャー、研ちゃんとトクやんの立場ないー」。やんやと女子高生が囃したてる。終始僕はニヤケっぱなしだった。

宮尾すすむと日本の社長とも友だちになった。お若い方のために言っておくと、これも個人名ではない。九州方面をツアーで回って、一気に親しくなった。向こうは早稲田の学生、僕も大学を出たばかり、ホテルの部屋に遊びに行くと、学生ノリでみんな下半身を露出している。僕も愉快になってきて素っ裸になり、一緒に裸でシャワーを浴びたり、泡だらけになってホテルの廊下を走り回ったりした。

マルコシアス・バンプは、登場した時からカッコいいと思っていた。ちゃんと洋楽の匂いと、日本のかつての危ないロックの香りがした。人間椅子はイロモノ扱いだったから、なかなか彼らと共演できない。まれに一緒になれるイベントがあって、そうした時は本当に嬉しかった。ギター・ボーカルの秋間さんが電気に詳しいと聞いて、いっそう近づくようになった。僕はエフェクターを作るのが趣味なのだが、その師匠としてずっと尊敬し続けている。

THE NEWS。イカ天に出る前、ニューイヤーロックフェスティバルのテレビ放映で、彼女たちの存在を知った。何てピュアでパッションがあって、ロックな女の子たちなんだろう。そのビデオ映像は、繰り返して何度も見た。イカ天には早くから出演していた。THE NEWSも出てるからさ、僕らもイカ天出ようよ、確かに僕は鈴木くんと上館さんにそう言った。THE NEWSと友だちになりたかった。念願は叶い、しょっちゅう彼女たちのライブに顔を出すようになった。ある年のニューイヤーロックフェスティバルなど、頼まれてもいないのに彼女たちのローディーをやったものだ。

何度もイロモノイロモノ言って恐縮だが、イロモノイベントに出ると、必ずカブキロックスがいる。見かけはごつくて近寄りがたかったが、話すと気さくで、むしろ気の優しい人たちなのだった。氏神一番くんと当時のギターの美女丸くんとは、それからアコースティックのユニットを組んだりもした。

大島渚。お若い方のために言っておくと、有名な映画監督のことではなく、これはバンド名である。漫画家、デザイナー、カメラマンの集まりだという大島渚は、まだデビュー前の僕の目にはたいそう眩しく映った。偉ぶることなくすぐに打ち解けてくださり、中でもみうらじゅんさんとは親しくさせていただいた。みうらさんのお宅に、何度もTHE NEWSやマサ子さんたちと集まった。あの青春の日々は、今でも僕の中で宝石のように輝いている。僕の新高円寺のアパートにみうらさんが遊びに来て、バンドの動向のことを細かに聞くので怪訝に思っていたら、後からおんなじようなことを『アイデン&ティティ』の主人公が喋っていて、僕は気恥ずかしいような、また嬉しいような気持ちがしたものだった。詳しくは、別掲の対談でふんだんに語ることにしよう。

レコーディング開始

ファースト・アルバム、『人間失格』のレコーディングが始まった。ところは当時代々木にあった、メルダックスタジオ。エレベーターでアイドルの子とすれ違ったりして、いよいよ芸能の世界に来たんだなと実感した。録音する機材で足りないものは、それぞれレンタルした。僕は憧れていたマーシャルの古いアンプを借りて、ご満悦だった。粛々と作業は進む。そうするうちに、やり直しを命じられだした。はい、やり直し、はい、あともう一回。その頻度がどんどん増えてくる。自分たちで作った曲で、やり慣れてもいるのに、なんだか釈然としなかったが、プレイバックを聴いてみると確かに演奏が合っていない。ビクターのデモテープの時とはわけが違う。CD盤にして人に聴かせるためには、ある一定の基準を満たしていないといけないのだった。毎日しごきのように演奏をやらされ、へとへとになりながらアパートへ帰った。鈴木くんは、もうスタジオに行きたくない、と自宅で泣いたこともあったようだった。

レコーディングでは、普通でないことも起こる。「あやかしの鼓」の録音時。僕は歌入れをしていた。生きているのか死んでいるのか、というくだりに差しかかった際、急にテープが止まった。「和嶋、ちょっとトラブルがあったから、そこで待っててくれ」とディレクターが言う。何だろうと思ったが、言われた通りにブースの中で一人ぽつねんと待っていた。間もなく作業は再開し録音を終えたが、後で聞いてみると、僕の〝死んでいるのか〟の歌の後に「死んでいる」と不気味な男の声が入っていたという。それを消すのに、作業に手間取っていたのだった。和嶋が怖がるから、彼には聴かせるな、との配慮で、僕はブースに留め置かれたらしい。火葬場の近くに住んでいたからか、そんなこともあった。ともあれ、辛くもあり楽しくもあり怖くもあったファースト・レコーディングは終わった。新高円寺の歩道橋の下、いったい誰が僕たちの音楽を聴くのだろうと不安に駆られた、あの思い出の「人間失格」が、ついにアルバム・タイトルになって、多くの人の耳に届くことになったのだった。

印税が入った。自分の努力と才能を、初めて世の中に認めてもらえた気がした。舞い上がったように日々を送るうち、いつの間にかセカンドのレコーディングとなっていた。曲のストックはほぼ尽きかけていた。思えばファーストは何年間も曲を溜めてきた中でのアルバムであり、そこですべてを出し切った感がある。曲がないよ、どうする、鈴木くんと大わらわで作り出したが追いつかず、セカンドはスタジオで新曲を作りながらの作業となった。バブルの余波がまだあり、ありがたいことに録音日程だけはふんだんにあった。自転車操業のように作曲し、録音し、帰宅してからは近所のファミリーレストランで、歌詞を書いた。余裕のない工程ではあったが、僕は創作に没頭できることに喜びを感じ、周りのお喋りなど一切気にならずに、ノートに言葉を綴っていった。至福の時だった。

時々は、テレビや雑誌に出た。ある地方の広告の仕事が来た。衣装を着て写真を撮られたりしていると、そこのスタッフの女性が僕たちのファンだという。「曲も歌詞も好きです。人間失格、いつも聴いてます。でも、今度のアルバムは歌詞が全然よくないですよね」。ショックだった。幸福を感じながら歌詞を書いていたこともあり、僕には期するものがあったのだ。それが、こうもばっさりやられるとは。自分のすべてを否定された気がした。ああ、そうか、プロになったからには、こうした声の上がるのも覚悟しなくてはいけないのか。作品を世に問うということは、第三者の審美眼にさらされるということだ。その人のお眼鏡にかなわぬ場合もあるだろう。そしてまた、作品が本当に駄目なら、誰も見向きもしなくなる。表現の道は厳しいなあ、僕はこの先やっていけるだろうか。

生みの苦しみ

新高円寺のアパートは老朽化していたので、取り壊されることとなった。僕が次に向かったのは、中野区大和町にあるトイレ付きのアパートだった。部屋にトイレのあるのが、嬉しかった。高円寺を抜けて早稲田通りを渡ると、街灯の数が減って急に暗くなった。なぜだか、狐や狸が出てきそうな、見たこともない昔の中野村の景色が目に浮かんだ。新高円寺のアパートも陰気だったが、こちらもまた陰鬱な空気が漂っていた。あちらが死の沈鬱さだとするなら、大和町のほうは何かもっと生々しい、悲しみや絶望感に満ちているような感じだった。

その頃、僕にはお付き合いしている方がいた。デザイン関係の仕事をしている人で、芸術家らしい、エキセントリックなものを内側に秘めていた。お料理が得意だった。大和町のアパートに引っ越したものの、どうにも居心地が悪くって、彼女の料理を食べに通ううちに、いつの間にか半分同棲するような形になった。一緒に住むといろいろ粗が見えだすもので、最初は彼女のエキセントリックさが好きだったが、やがてそれを持て余すようになってくる。僕は僕で女性にだらしなかったりしたものだから、彼女はそのエキセントリックな要素を遺憾なく発揮して、やいのやいのと責め立てる。しょっちゅう喧嘩していた。一度猛烈な殺意に駆られ、思わず両手で彼女の首を絞めてしまったことがある。ハッと思って手を緩めたが、「殺せー」という彼女の顔を見ると、もう自分が情けなくて、彼女が可哀想で、どうしようもない気持ちになった。

彼女が新宿ゴールデン街*でアルバイトをするというので、そこのお店に行ってみた。カウンターのみのお店で、自然と客は隣席の者か、カウンターの中の彼女と会話する形になる。僕が座ると、隣の五十がらみのおじさんが、「僕は手相占いをやるんだよ」と得意げにいう。今までさんざん彼女や、彼女の友だちに対してその特技を披露していたものらしい。「ひとつ君のも見てやろう」。どうせ脅かすようなことをいうんだろうと思って「いえ、いいです」と断ったが、「まあいいから」と僕の手を取った。しげしげと眺めて「ふうん。君、全然苦労してないね」。そうして、何も苦労せずに育ってきたこと、このままでは人として駄目だということ、こんなに苦労していない手は見たことがない、これで曲が作れるのか、などといいことは一つも言わないのであった。図星だったので腹が立ちかけたが、おじさんの見ているのが利き腕ではない右手だったので、「僕は左利きなんです」と逆の手を差し出した。「ふうん。少しは苦労しているか」。しかし大筋のところは変わらないのであった。自分でも分かってはいるが、こうあからさまに言われるとやはり気分が悪い。憤懣《ふんまん》やるかたないので、「無言電話」という曲を作った。

三枚目のアルバム制作が始まっていた。煮詰まったようになって、なかなか歌詞が書けない。あの二枚目の時のように、恍惚として書けないものか。しかし手が固まったようになってしまって、これじゃあ人からいい評価は得られないだろう、とか余計なことを考え出す。すらすらいく場合もあったが、引用に継ぐ引用で、なんだか頭の悪い大学生の卒業論文みたいになってしまう時もあった。そして、歌詞の出来ないことがついに、録音作業のストップという事態を招く。詞がない限り、もう一歩も先に進めないのだった。僕は彼女の部屋で、もう一滴も出ない雑巾を振り絞るような恰好で、呻吟《しんぎん》していた。あと数行、と電話で苦し紛れに嘘をついたら、歌詞を取りに、上館さんの運転する車で鈴木くんとアシスタントエンジニアたちがやって来た。詞の出来るまで、彼らは窓の外でずっと待っていた。地獄だ、と思った。

ブームの終焉

バンドブームが衰退の兆しを見せ始めていた。アルバム一枚で終わったバンドもいたし、人間椅子も売れたのはファーストだけで、どんどんセールスは下降していった。自信がなくなりかけていたのか、人に会う度に、元気ないね、と言われるようになった。おそらく、煮詰まった気配が全身に漂っていたのだろう。セールスが落ちたのは、楽曲のせいかもしれないし、ブームの凋落のせいかもしれないし、それは分からない。レコード会社は売れてほしいわけだから、こちらが思いもよらない提案をしてくる。「君らは歌がうまくないから、ここらでボーカルを入れたらどうだ」「音楽が難しすぎる。方向性を変えて、もう少し売れそうな曲を作ってみたらどうだ」。その度に、僕と鈴木くんはノーと言った。だって、僕らがやりたかったのは、ブラック・サバスみたいな不気味なサウンドに乗せて、日本語で猟奇と怪奇と戦慄の歌を歌うことだったじゃないか。ディレクターに、ああして問題提起をしてもらえたのは、むしろよかった。その度に、僕らは原点に帰ることができた。また、レコード会社がメルダックであるのも幸いしただろう。これがもっと大手のところだったら、僕らはとっくの昔に首を切られていたはずだ。

上館さんとは、だんだん上手くいかなくなってきた。僕と鈴木くんより年上だったし、また僕と鈴木くんは中学からの知り合いである、どうしても二対一になる。曲を作っていたのも二人だった。上館さんは早くから就職して社会の荒波にもまれていた。僕など大学出たての苦労知らずにしか見えなかったことだろう。お互いの態度に関することで、反目もあったはずだ。バンドが売れなくなってきている中で、上館さんには家族ができた。生活のことを事務所に相談しているようでもあったから、僕らもなんだかいろいろ理由をつけて、上館さんにメンバーチェンジをしたいと告げた。ファミリーレストランで僕らがその話をした時、上館さんはどう思っただろうか。バイクで走り去る上館さんを見て、言葉にならない申し訳なさに、僕は身を包まれていた。

鈴木くんが、マルコシアス・バンプの秋間さん主催のイベントに出た。KISSのカバーで登場するというので、僕はそれを見に行った。ドラマーがとても上手いのであった。後藤マスヒロくんといって、PANTAさんとかDEEP&BITESなどで叩いているらしい。打ち上げに顔を出し、年齢が同じということで意気投合し、やがてアルバムにサポートで参加してくれることとなった。次回作『羅生門』は、起死回生をかけた作品になるはずだった。プロデューサーにトニー・アイオミを起用しようとのことで、早くから曲を作りデモテープを送ったが、先方のスケジュールの都合がつかずこれは頓挫。当時ニッポン放送の番組にちょくちょく出ていたこともあり、タイアップを取ろうとの話になる。やがて完成したアルバムの中から、「もっと光を！」を、ある番組のテーマに採用してもらった。しかし、『羅生門』のセールスは、はかばかしくなかった。

生活の困窮が始まっていた。CDやレコードは、買っては売り、買っては売りしていた。本も同様。部屋の中がさっぱりしてよかったが、もう金目のものがなくなってくると、あとは売れるものはギターしかない。生まれて初めて、質屋の暖簾をくぐった。高円寺にある質屋だった。流れる期日が近づいてくると、慌てて絞り出すようにしてお金を作り、ギブソンのギターを受け出してくる。そんなことを何度も続けていた。アパートの家賃も溜まる一方だった。僕は彼女の部屋にいて、そのことを努めて思い出さないようにしながら、しかし気持ちだけはいつもじりじりと焦燥に駆られていた。人間椅子は、『羅生門』をもって、メルダックとの契約が終了した。

＊新宿ゴールデン街　お酒は、悪いことばかりではありません。飲むと気がさっぱりして、誰彼となく話しかけてみたくなります。新宿ゴールデン街にはよく飲みに行きました。お金がないものですから、いつも高円寺まで歩いて帰っていました。

試練の始まり

アルバイト生活

メルダックとの契約が切れた。バンドをやめるのか。しかしそんな気持ちには一切ならなかった。人間椅子は、鈴木くんと始めたバンドである。鈴木くんとは、彼がスズケンであった中学時代、ロックを通じて知り合った仲である。つまり中学生の頃の夢をそのまま続けているバンドなのである。ここでやめるわけにはいかないと思った。お互い、そう思っているはずだった。事務所のほうでは、次のレコード会社を探すとのことであった。しかしこのままでは生活ができない。僕と鈴木くんは、アルバイトを始めることにした。

鈴木くんは、郵便配達をすることにしたようだった。郵便局というのが、いかにも堅実な鈴木くんらしい。僕は本屋でのアルバイトがとても快適だったこともあり、どこかこぢんまりとしたところにしたかった。南阿佐ヶ谷の宅配弁当屋で、アルバイトを募集していた。乗り物を運転するのが好きな僕は、そこで働くことにした。

大きい荷台を積んだ、原付の三輪バイクで配達をするのであった。最初、二輪とはまったくカーブの曲がり方が違うので戸惑ったが、慣れると面白いように操縦できた。配達の男子が十人以上、調理の女子が数人、みんな和気あいあいとやっていた。僕はこういうのが好きなのだ。年下の人たちばかりだったが、僕を蚊帳の外に置いたりはせず、和嶋さん、和嶋さんと慕ってくれた。僕は、もう三十になろうとしていた。月に何回かはみんなで居酒屋に繰り出したりして、平凡ではあったが楽しい日々だった。

弁当屋では、配達のほかに時々お店のチラシ配りをやった。チラシの投函は中学生の時の記憶があってあまり好きではなかったが、僕はこういうことを嫌がるから苦労が足りないって言われるんだよと思いながら、真面目にやった。新高円寺あたりの建物を回っている時に、声をかけられた。「和嶋さん、何してるんですか！」。どうやらファンの方らしかった。「よくライブ行ってたんですよ。また面白いことやってくださいね」。僕はチラシ配りを見られたことの気恥ずかしさよりも、また、というのが気にかかった。そうか、今は面白くないのか。ほかに何か楽しいことがいっぱいで気もそぞろなふうの彼女の態度が、それを物語っていた。

アルバイトの帰りには、気晴らしにレースのアーケードゲームをよくやった。ある日ハンドルを握っていたら、後ろから熱心な視線を感じる。これはミスできないぞといつも以上に集中してアグレッシブな運転をした。我ながらいい順位を取れたと思って後ろを見ると、挨拶だけは交わしたことのある土屋くんであった。「あれ、土屋くんどうしたの」「いやー、運転上手いと思って」。世間話に、今人間椅子がドラムを探していることなどを言うと、手伝うよとの返事。土屋くんはドラマーなのであった。

インディーズではあるが、アルバムを出せるとなった。再びアルバムを作れることに僕と鈴木くんは安堵し、大急ぎで曲を作った。ファースト・アルバムの時のような、新鮮な気持ちが甦ってきた。好きな音楽をやろう、評価は気にしないで行こう、何たって僕らはメジャーから契約を切られたんだし。吹っ切れたような解放感があった。土屋くんを交えて、山中湖畔の合宿スタジオにて、『踊る一寸法師』のレコーディングは行なわれた。

アルバイトはしていたものの、まとまったお金がないのでいっこうに溜まった家賃は払えずにいた。たまにアパートに帰ると、大家からの張り紙や催促の手紙があった。一瞬顔から血の気が引くが、何の名案も浮かばないのでそのまま握りつぶし、逃げるようにして彼女の家に戻る。もう家賃が払えないいんだから一緒に住むしかないわよ、そう彼女はせっつく。ずっと二の足を踏んでいたが、もうそうするより手立てはないようだった。お金をかき集めて、大家のところに頭を下げに行った。大目玉を食らうかと思ったが、存外に気遣うような面持ちである。「よかったよ。心配してたんだよ。君もああなるかと思ってさ」。僕のように家賃を溜めた男がいて、音沙汰がないので不審に思って様子をうかがいに行くと、自ら命を絶っていたのだという。寒気がしたが、とにかくその場はこれまでの非礼を詫び、家賃を全額支払い、これから引っ越しする旨を告げ、そそくさと大家のもとを辞した。アパートを引き払う日、荷物を全部出した後で、押し入れの奥を覗くと、大きなお札が貼ってあった。

和嶋さん、学生時代のお友だちという方がお見えになっています。ライブハウスの楽屋に店員がやって来て、そう言うのだった。誰だろうと思って通してもらうと、仏教青年会の小池さんだった。「和嶋、頑張ってるか」。学生時代の頃と変わらない、にこにこした笑顔だった。「何とかやってます」。積もる話をするうちに、今小池さんはパソコンのリースの会社をやっているとのことだった。僕がレコーディングの度にアルバイトを長期休まなくてはならず、そのことで先方に迷惑がかかり、また僕も心苦しく思っていることなどを告げると、よし、それならうちに来いとなった。愉快な仲間たちばかりのあの弁当屋を辞めるのは残念だったが、小池さんの下で働くことを思うと、また嬉しい気持ちにもなった。すぐに行きますと伝えた。

そこの会社は、オフィスからいったんリースの終わったパソコンを回収し、掃除してリファレンスを実装し、また別の会社にリースするという仕事をしているのであった。小池さんはそこの社長なのだった。社員には仏青の先輩がもう一人いて、ほとんど部室の再来となっていた。ラジカセからは、また僕の聴いたことのない音楽が流れていた。そういう人間が吸い寄せられるように集まってくるのか、それとも小池さんがそうした人しか採用しないのか、皆ちょっと変わり者で音楽好きだった。沖縄出身の人は個性的だった。ビギンの友人でベース弾きということだったが、とにかく遅刻する。いや、遅刻しない日はない。僕も遅刻では人後に落ちないほうだが、もう次元が違う。青森と沖縄ではこんなに時差があるのかと思った。まずだいたい出社が午後の二時。社長よりも社長出勤である。ひどい時は仕事があらかた片付いた夕方にやって来て、一度などみんなが退社する時に鉢合わせした。それよりもっとひどくなると、来ない。しかしまったく悪びれるでもなく、こちらもなぜか憎めない。彼が使わないMTRがあるというので、僕も今までのものがちょうど壊れていたりしたので、もらった。このMTRではその後ずいぶん作曲した。沖縄のベースマンには感謝しきりである。

僕はおもにパソコンの回収と納品をやった。車が運転できるので楽しい。都内各所の会社を、スバルのサンバーで駆け回った。その日の納品は、新宿の明治通り沿いの、日清パワーステーションの入っているビルだった。台車を押しながら何往復かしていると、「和嶋さん、何しているんですか」と女の子に声をかけられた。今日は筋肉少女帯のライブで、自分はそれを見に来たのだという。「お仕事たいへんですね。頑張ってください」と言うなり、ウキウキとした表情で会場に走っていった。筋肉少女帯がライブをやっている横で、僕はパソコンを台車に載せて会社に納品している。僕は何をやっているんだろう。

弘前へ

小池さんの会社に、実家から電話が掛かってきた。父が危篤というのであった。父はガンに罹患しており、それまでにも度々様子を見に青森に戻っていたのであるが、いよいよ危ないとのことだった。「すみません、そういうわけなので、いったん実家に帰ります」。小池さんと同僚たちに挨拶を言うのもそこそこに、僕は会社を出た。なんだかここにはもう二度と戻っては来ないような気がした。

一時は持ち返し、僕は二ヵ月間、父のもとで看病をした。自分が自由業でよかったと思う。普通の勤め人ならば、そんなことはできなかっただろうから。臨終の床の横にもいることができた。しかしまた、息をひきとる瞬間を看取るというのも、辛いものである。父が亡くなった後、心にぽっかりと穴が開いたようになった。今までに経験したことのない喪失感と空虚感だった。世界の一切が遠くへ行ってしまったようだった。東京での出来事が夢のように思われる。鈴木くんが弔問に訪れて、ああ僕はこの人とバンドを組んでいたんだっけなと思う。ぼーっと日を暮らすうちに、母に当分青森にいてくれと言われ、相続のことなどもあったから、僕はそうすることにした。

東京の彼女に別れを言うために、上京した。何年も付きあっていたから、大いにもめた。男も女も皆そういう部分があるが、彼女は僕を束縛したがった。僕は何より縛られるのが嫌いで、それだからたとえ一生貧乏だとしても勤め人にはなりたくないと思った男であるから、その部分でうまくいくはずがない。僕は勝手な男だ。実家に戻らねばならないということを理由にして、彼女に無理矢理納得してもらった。最後にお茶をして、別れる時、彼女は何遍も何遍も僕のほうを振り返っていた。家財道具を積んだレンタカーのトラックで、僕は青森へ帰った。彼女の振り返る顔がちらついて、涙が出てきて運転ができない。世の中にあんなに悲しそうな顔があるだろうか。ハンドルを持てなくなる度にパーキングへ入り、トラックの中で大声を上げて、僕は泣いた。青森へはなかなか辿り着けなかった。

　青森では、『人間椅子倶楽部』というテレビ番組をやっていた。それまでは東京に青森のスタッフを呼んで収録していたものだが、僕が弘前にいるというので、同じく弘前にあるＭａｇ－Ｎｅｔ*というライブハウスで録ろうとなった。鈴木くんと、その頃正式メンバーとなっていたマスヒロくんには、わざわざ弘前まで来てもらった。あの番組ではいろいろな曲のカバーに挑戦したが、本当にためになった。プロになっていたから、曲の微妙なところとか最も強調すべき部分であるとかが、アマチュアの頃より分かるのである。そして、それが糧になった。次のアルバム作りに、しっかり役立ちそうであった。

　Ｍａｇ－Ｎｅｔで人手が足りないというので、しばらくライブハウスの仕事を手伝った。しかし悲しみが重なっていたこともあって、どうにも仕事に身が入らない。また当時はクラブ全盛だったが、Ｍａｇ－Ｎｅｔでもクラブをやる、そうするとそこに集まってくる輩というのは、小中と僕をいじめていた輩と何かひじょうに似通った空気を醸し出していて、それが僕には気に入らない。まったく善良な人たちなのかもしれなかったが、なにしろこっちは悲しみで少し頭をやられているから、いじめっ子にビールを注いで出しているような気がしてきて、それがまた悲しい。その頃僕は小池さんから譲ってもらった、ヤマハのＴＺＲ２５０に乗っていた。時々鬱憤を晴らすために岩木山や十和田湖などを疾駆していたものだが、ある日調子に乗って十和田湖を走っていたら、アルバイトの時間が近づいていることに気がついた。焦って山を下りたが、もうどうしても間に合わない、国道四号線を百キロで飛ばしても間に合わない。Ｍａｇ－Ｎｅｔに着いてみると、皆憮然とした表情であった。その頃の僕の仕事の評価は、和嶋さんはよくサボる、であった。

Ｍａｇ－Ｎｅｔでアルバムを作ることになった。アルバイトは駄目だが、やっぱり僕はミュージシャンである、こちらは頑張った。ある日弘前の画廊で見かけた絵がＨ・Ｒ・ギーガー風で、たいそう気に入った僕は、その画家の方にジャケットを担当してもらうことにした。録音担当は、『人間椅子倶楽部』の番組スタッフであった。アルバムを作る録音技術においては、僕らを含め皆素人同然だった。手作りのレコーディングが始まった。ブースがないので、Ｍａｇ－Ｎｅｔ内に鉄骨で幾つか仕切りを作り、その上に毛布をかぶせた。爆音が近隣の迷惑になるので、録音時間も限られる。しまいには過酷な作業密度にレコーディングエンジニア担当がダウンし、トラックダウンはメンバー自らが行なうこととなった。マニュアルと首っ引きで、ミキサー卓と格闘する。あっ、前のＥＱ残ってる！　それデリート！　リバーブ回ってる！　トラックオフになってる！　てんやわんやだったが、何か楽器を始めたての中学生に戻ったようで、素晴らしく濃密で楽しい時間だった。マスタリングに間に合うための、新幹線の時間ぎりぎりに、トラックダウンは終了した。マスタリングには、僕が行くことになっていた。「じゃあ和嶋、頼むよ」。二人に送り出され、僕はマスターテープを持って、弘南バスに乗り込んだ。席に座って人心地つくなり、アルバムが完成したんだ、僕らの手だけでアルバムを一枚作ったんだ、と感慨が込み上げてきて、嬉し涙を止めることができなかった。やたらに泣いていた青森時代だった。

＊ライブハウス　Ｍａｇ－Ｎｅｔ　Ｍａｇ－Ｎｅｔの開店当初、僕がここで働いていたんだなと思うと、不思議な気がします。ご期待にそえるような仕事ができなくて、オーナーさんには本当にご迷惑をおかけしました。弘前から再び東京へ出て、僕はその日渋谷でライブをやっていました。空き時間に街を散歩していると、向こうからオーナーさんがやって来ます。渋谷のど真ん中で会うなんて！　本業の研修で上京したとのこと。「がんばれよ」。そう言ってもらえました。

結婚時代

鎌ケ谷にて

千葉県の鎌ヶ谷市にいた。あるきっかけで知り合った方と結婚して、僕は千葉に住んでいたのだった。お相手は、すらっと背が高くて、色の白い、きれいな人だった。歳は八つ下だった。田舎から出たくて結婚したのか、結婚したから田舎から出たのか、自分でもよく分からなかった。母には、もう一度東京に出さしてくれ、と懇願した。このまま青森にいては思うようにバンド活動ができない、僕はやっぱり自分の好きなことしかできない、あともう一回だけ自分の可能性を試してみたい、十年経って駄目だったら青森に帰ってくる。てっきり青森に居続けるものとばかり思っていた母にとっては、納得がいかないようだったが、お前がそこまでいうのならと、最後には許してもらえた。ただし十年経っても目が出なかったら、戻って来い。そうして僕は当時お付き合いをしていたその方と結婚して、弘前を離れた。

東京に近いのなら、住むところはどこでもよかった。むしろ何の縁もゆかりもない、見も知らぬ土地に住みたかった。出来るだけ家賃の安いところをと探すうちに、鎌ケ谷に辿り着いた。一緒になってひと月も経たぬうちに、実家から電話が掛かってきた。函館に住む従姉が自殺したのだという。ごめん、函館に行ってくる。まだ結婚したばかりじゃないの。最初の夫婦喧嘩だった。僕はふくれっ面で見送る奥さんを尻目に、羽田空港へバイクを飛ばした。

母の姉の娘であるその従姉は、小さい頃に起こした事故がもとで、片腕がなかった。整った顔立ちをした、親切な人だった。僕が高校生の頃、自転車で北海道を回っていた時には、自宅へ泊めてくれ、一晩中語り明かしたものだ。何度か漁師と結婚を繰り返し、娘が一人いた。その娘さんがたいそう利巧で、小さい頃に和嶋家に遊びに来た際など、当時大学生の僕と神経衰弱をしたものだが、僕は一度も勝てなかった。成長した今は、大学浪人を続けていると聞いていた。自殺は、その娘と母親である従姉がともに起こしたものであった。飛び降り自殺だった。その光景を想像しただけで僕は胸が苦しくなり、嘔吐を覚えた。函館の従姉の家に着いてみると、母方の親戚が大勢来ていた。馬鹿だ、馬鹿だ、と口々に従姉のことを言い合っている。確かに馬鹿としかいいようのないことだが、僕にはなぜだかどうしてもその言葉を口にすることはできなかった。従姉は統合失調症を患っていた。そこかしこに被害妄想的に置かれた芳香剤や、どこかしらこわばったように置かれた調度品が従姉の病状を示唆しているようで、家内全体が殺伐とした空気を放っていた。娘の部屋に入ってみると、アニメのＣＤが何枚か置かれていて、それがあまりにも当たり前の少女すぎて、僕は胸の締めつけられる思いがした。葬式は、ラブホテルの隣にあるお寺で執り行なわれた。こんな猥雑な場所で従姉が荼毘にふされるのが、やりきれなかった。

もう一人、自殺した親類がいた。母の兄の息子だが、仕事に馴染めず、転職を重ねるうちに飛び降り自殺した。あまり表に出て来ない人で、一度だけ隣に座ったことがあるが、うつむいたっきり押し黙ったままで、まったく顔は覚えていない。石のような硬い塊りが隣にあるような気がした。彼も統合失調症であった。僕は、母方の親族のことを悪く言うつもりは一切ない。むしろ彼らのことを愛している。真面目で、善良な人たちばかりである。ただ、苦しみを内側に溜めこむ人が多く、結果的にしばしば社会と折り合いのつけられない人たちを生んだ。そしてそれは僕とて同じなのである。どうしても器用に生きられなくてもがいてばかりの僕には、従姉たちの自殺した理由が分かる気がするのである。とても彼らのことを、馬鹿とは呼べない。社会に馴染めない傾向を持つ人間は、これからどうして生きていけばいいのだろうと、函館からの帰り道、僕は考えていた。

自作エフェクター

結婚生活は、つましいものだった。風呂付きの、小さなアパートを借りた。僕は実家から父の形見の車を持ってきて、月三千円の駐車場にそれを停めた。よくあんな少ない家計で、奥さんはやってくれたものだと思う。バンドは売れていなかったし、印税が入ったとしても微々たるもので、このままでは暮らしていけないというので、奥さんはパートに出ることになった。男なら、稼ぐべきである。バンドで食えないならアルバイトすべきである。だが、僕はそうしなかった。鎌ケ谷で働いてしまうと、そのままここに根付いてしまいそうで、それが怖かった。結婚しておきながら、僕はまだどこか自由に動ける境遇でいたいと望んでいたのである。勝手な男だ。いや、ただの怠け者だったのだ。僕は奥さんに寄りかかるようにして、鎌ケ谷の日々を送った。

街には見知った人は誰もいないから、どこに行くにも二人は一緒だった。隣町のビデオレンタル屋、本屋、ショッピングセンター。僕は暇だから奥さんのパートの帰りを待っていて、彼女の仕事が退けると、毎日二人で近所のスーパーに買い物に出かけた。暇だから、時間を持て余す。毎晩のように安酒を痛飲していたこともあり、ぶくぶくと太りだした。きれいな奥さんと起居していながら、何か屈託が溜まる一方に思われたので、気晴らしを始めることにした。僕は中学の頃にディストーションを作ったことがあるように、電子工作が好きである。再びエフェクターの自作に挑戦してみようと思った。小さな電子部品ばかりだから、製作費などたかがしれている。

まずは製作記事を集めに走った。その頃エフェクターの自作本はすべて絶版になっていたから、千葉県内の図書館をしらみつぶしに回って、資料を集める。パーツを買いに、秋葉原に日参する。どんどん自作エフェクターが完成する。面白くなってきて、止まらなくなった。気持ちが落ち着くのである。まだ父の死を引きずっているのか、うっかりすると喪失感が忍び寄って来て、ぼーっとしてしまう。それが、ハンダゴテを手に持ってトランジスタやコンデンサと格闘していると、束の間悲しみを忘れられるのである。まるで自作エフェクターによる、精神療法のようだった。

時間だけはふんだんにあるから、ついに電気の勉強をし始める。地元の図書館はいうにおよばず、国会図書館にまで足を延ばし、アナログ回路の専門書を読む。役所でも病院でも、待ち時間の長そうなところにはどこにでもそれを持って行く。夜寝る時の読書は、インターネットから拾ってきた膨大な量の回路図。さぞや奥さんは呆れていたことだろう。しかし、日がな一日大学ノートにバイアスの計算式を書いていたあの鎌ケ谷の日々は、幸福だったろう。あんなに集中して物事の習得に励んだのは、中学の頃のギターの練習以来だったろう。そのことをとがめもせず、働けともいわず、自由に放っておいてくれた奥さんは、本当によくできた人だった。あの時の努力はその後きちんと実を結び、僕は自作エフェクターの本を出すことができた。奥さんに、贅沢な思いをさせてやれなかったのが、悔やまれてならない。

再び高円寺へ

結婚して二年ばかり経ったある日、ちょっとした口論があった。それは、生活に関してのことだった。このままでいいのか。あなたは遊んでいるだけではないのか。その通りだった。僕は半ば食客のような形で、奥さんに頼り切っていたのだった。働きなさいよ。しかし働いてしまえば、このまま鎌ケ谷に骨を埋めることになってしまいそうで、それが怖い。僕はこの結婚生活を続けていくことを、望んでいないのか。

電気の勉強ができて、きれいな人と一緒にいられて、楽しくはあったが、音楽のほうははかばかしくないのであった。どうも、僕の作る曲に輝きがないように思われる。

魂がこもっていないように感じられる。それはおそらく、いや確実に僕が身を削って生きていないからで、いくら繕おうとも、芸術にはその消息が正直に表れる。また、キャベツの花が咲く、キノコの生えるアパートに住みたいと思った。そうしなければ、僕はもういい曲が書けない気がした。奥さんと一緒に暮らし、僕が身を粉にして働くことでもいい作品は書けるのかもしれなかったが、一人で本当に苦汁を舐めなければ、僕は人としても駄目になる気がした。自分勝手な話である。奥さんに別れたいと言った。別に奥さんのことが嫌いになったわけではなかった。ほかに一緒になりたい人が出てきたわけでもなかった。僕がこのままでは自分が駄目になる、いい作品を書くためにも、まともな人間になるためにも一人になりたいと言ったところ、奥さんはその理由だけで、別れを受け入れてくれた。ありがたかった。僕がお金を持っていないのを知っているから、奥さんは何も要求せず、二人は別れた。

また一から始めようと思った。大学を卒業してすぐに住んだ、新高円寺に向かった。駅を出ると、懐かしい景色が広がっていた。あの頃と同じように、これからどうなるか分からない不安と、何かが始まりそうな期待で胸がいっぱいになった。アパートは、漫画家たちがしのぎを削っていた下宿と同じ名前の、常盤荘に決めた。六畳一間の、風呂なしトイレ付きの木造アパートだった。物件を内覧に行く道すがら、今までに見たことのない膨大な数の雀が、銀杏の木の上でさえずっていた。希望の歌のようだった。

　朝目が覚める度に、新鮮さを覚えた。世界が輝いていて、ここが杉並区などではなく、何か名前などつけようのない別天地であるかのように思われた。その印象のままに、「見知らぬ世界」という曲を作った。

　ついに一人だから、働かなくてはならない。車の運転がしたく思い、弁当配送をやることにした。軽のバンで、会社などに弁当を配達する仕事なのだった。その会社は、北区の上中里にあった。まったく土地勘のない場所だったが、終業後はバイクでおさらいをするなどして、ようよう道は覚えていった。朝の八時頃に会社に行き、すでに出来上がっている大量の弁当を荷台に積み込んで、九時には出発する。各自担当のルート内にある会社やお店に、それを指定数配って歩く。北区は町工場の多いところで、工員のおじさんが汗を滴らせながら旋盤を操っている。無駄口一つ叩くでもなく、いかにも熟練の職人といった真剣な面持ちで、カッコいいなあと思った。病院では看護婦さんに照れ、女子高校では生徒たちを眩しく眺めた。真面目にやっていたが、時々は、あの髭はなんだ、汚い、とか、挨拶がなくて失礼な奴だ、とか苦情が来た。どうやらクソ真面目に黙々とやり過ぎて、挨拶を忘れていたらしい。それからは、きちんと声を出すようにした。

午前に配達を終えると、昼間は公園などに車を停めて、自分用の弁当を食べる。ゆっくりと時間が流れていって、ああ自分は労働者になったなあとの感慨が、つくづく湧いてきた。午後には、朝配った分の回収をする。これが異様に眠いのだった。前の晩、バンドの練習があったりするともういけない、赤信号の度に気を失いそうになる。ある日の午後、眠気と闘いながら運転していると、急に〝ニッポニア・ニッポン〟という言葉が脳裏に浮かんだ。ニッポニア・ニッポンってなんだっけ。ああそうか、トキの学術名だった。そういえば日本原産のトキはもう数少ないんだっけな。今どうしているんだろう。そんなことを、とりとめもなく僕は思っていた。明けて次の日だったかまたその次の日だったか、昼の休憩で新聞を読んでいると、日本原産の最後のトキ死す、との見出しに目を疑った。死んだのか。報道によれば、佐渡島のトキ保護センターにいたその最後のトキが、いつもは老体でじっとしているのになぜかその日はパッと羽ばたき、そしてガラスに激突して亡くなったとのことだった。死んだ日は、たぶん僕がトキに思いを馳せた、その日と同じだ。おそらくトキは、死に場所を求めて飛び立ったのに違いない、そうしてそこには最後の生命の光芒があったはずだ。燃え尽きる瞬間のそのほとばしりを、仮に無意識に僕が感じ取っていたとするなら、きっと生命は皆、根底でつながっているものに違いない。そう、僕には思えるのだった。

早稲田支店で人手が足りない、というので、僕は上中里から早稲田に勤務先を移った。タイムカードを押していると、「アイ・ライク・イット」と後ろで声がする。誰だろうと思ってそちらを見ると、人の好さそうなおじさんが、馬のように歯をむき出して笑っている。僕の着ているロックのTシャツを指差し、それがライクなのだという。馬のおじさんは、大橋さんといった。大橋さんは僕より十いくつ年上で、中落合に住んでいると言った。ロックが大好きで、ギターも弾いているのだという。しきりに僕を自宅に誘い、また僕も大橋さんを好ましく思ったので、中落合にうかがうことにした。

大橋さんは、若い頃にシンナーを相当やったらしく、少し呂律が回らなかった。その滑舌の悪い口調で、音楽の素晴らしさをとめどもなく語った。このギターいいだろ。それは、僕と同じギブソンのSGだった。ブルースと七十年代のロックに目がないらしく、そのあたりも僕と似ていた。ただしプログレは大橋さんのシンナーでやられた頭には難しいらしく、あれは嫌いだ、と言った。往年のロックバンドのライブにもずいぶん行っているらしかった。フリーの初来日は、会場に忍び込んでタダで見た、と自慢げに胸を反らせた。ギターを手に取って爪弾くと、やや風采の上がらない外貌とは裏腹に、これがめっぽう味のあるブルースギターを聴かせるのだった。僕も嬉しくなってきて、いつまでも一緒にギターを弾いていた。

早稲田でも、基本的に上中里とすることは同じだった。ただ向こうが工場などブルーカラーの配達先が多かったのに対し、こちらは新宿の雑多な職種や、高層ビルのホワイトカラーが多かった。生き馬の目を抜く忙しさだった。毎日ぎりぎりの行程で配達を回った。ある朝、車に大急ぎで弁当を積み込み、さあ出発とアクセルを踏んだら、「ストップ!」と大声がした。慌ててブレーキを踏み、声のした方向、すなわちそれは今出てきた職場のほうだが、そちらを振り返ってもみんな自分の仕事に精一杯で、誰も僕のことなど見ていない。不思議に思い、自分の車に視線を戻すと、荷台のドアが全開になっていた。危機一髪。このまま発進したら、朝の交通量の多い早稲田通りに、大量の弁当をぶちまけるところだった。ことの重大さに、心臓がバクバクとなった。しかし、あの制止の声は誰が言ったんだろう。同僚なら、危なかったねなどその後一言あるはずだ。声は確実にした。威厳のある、意志の強そうな、とんでもないぐらいの大声だ。頭蓋骨を震わせるその声には、けっして逆らえない響きがあった。僕は自分が、誰かに見守られているような気がした。

生と死

新生人間椅子

マスヒロくんが、人間椅子を辞めるとなった。その頃僕らはデビュー当初の事務所はとうに離れ、次に所属した事務所もまた離れ、慣れないながらも自分たちで切り盛りしていこうとしていた。そのことが彼に負担をかけることとなったようだった。何枚もアルバムを作り、苦楽をともにした仲間ではあったけれど、話し合いの末、お互いの道を行くことにした。

次のドラマーを探さなくてはならない。思うような人とはなかなか巡り合えなかったが、そんなある日、メルダック時代の先輩である、元アンジーの水戸華之介さんのイベントに出た。個性的な人がいっぱいだった。やっぱりミュージシャンには面白い人が多いと思っていると、何曲目かで登場したドラマーが、またすこぶる痛快な人なのだった。陽気さがあふれ出していて、目一杯叩くエイトビートが躍動していた。打ち上げで話をすると、ナカジマノブくんといって、高円寺に住んでいるのだという。なんだ、僕らみんな高円寺だよ。さらに聞くと、お宅は鈴木くんのアパートの三軒隣だった。何か運命的なものを感じ、早速セッションしようとなった。すぐにやれそうな人間椅子の曲をMDに入れて、それを鈴木くんがノブくんのお宅のポストに入れる。ノブくんはしっかりコピーしてきてくれて、おまけにそれまでツーバスなど叩いたことはないのに、楽器屋から当日ツインペダルを買ってきて、僕らとセッションしてくれた。ノブくんは熱意があるよ。数日たって、今度は変拍子などのある少し難しい曲をMDに入れ、また鈴木くんがノブくん宅のポストに投函する。今回は難しいよ、そういいながらも、ノブくんは懸命に叩く。スタジオの帰り、三人して高円寺の喫茶店に入った。どうだろうノブくん、僕らのバンドに入ると、きっと楽しいと思うんだ。やりましょう！　ナカジマノブが、人間椅子のメンバーになった。

夏が近づきつつあった。ツアーを控えていて、僕は次に何の衣装を着るかを思案していた。突然、お婆ちゃんの恰好をしたいと思った。ちょうど部屋には大橋さんが来ていたので、「お婆ちゃんの服を着たいんですけど、どこに行けば売ってますかね」と聞くと、「巣鴨かなー」。分かりやすい返事であった。とまれお婆ちゃん服は高円寺の婦人服屋さんで調達し、僕はツアーに向かったことである。ノブくんと回る最初のツアーであった。

死臭

どうも気にはなっていたのだ。ツアーに出る前から、常盤荘の自室が臭かった。何か、腐った臭いがする。僕はある種の欠陥があるのではないかと思われるほどに部屋の掃除をするのが苦手で、いつも乱雑にしていたものだが、その成果が表れ、どこかで何かが腐敗を始めたようだった。キャベツの芯かな。いや、僕の生理的本能が、それは植物ではないと告げる。これは明らかに、動物性タンパク質が滅びゆく臭いだ。スーパーで買ってそのまま忘却の彼方へ追いやった肉なのか魚なのか——しかし単なる肉片とも思えない。何か臭気に重量感がある。その頃常盤荘では鼠が跳梁跋扈していたから、大方その鼠が部屋の片隅で、野垂れ死にでもしたのだろうと思った。そう思うことにした。しかし日に日に臭気は強くなり、もはや鼠一匹の死体から発するものとは思えなくなってきた。何かたいへんなことが起こっているようで、胸騒ぎがする。いや、それよりもとにかく臭い。僕がツアーに出発する頃には、その悪臭は、およそ概算で鼠十四分ぐらいには相当するものとなっていた。

季節は盛夏になっていた。ツアーから自室に戻ると、もはや悪臭は耐え難いものとなっていた。もうはっきりと分かった、この臭いを一言で表すにもっともふさわしい言葉がある。それは死臭だ。この甘酸っぱくてどこか懐かしくて、しかし生きとし生けるものがけっして触れてはならない、これは禁断の臭いだ。タブーの臭いだ。この暴力的なまでの臭気からいって、鼠ならもう五十四は超していると思われるが、いくら室内を見回しても、それに該当する大量の死骸は見受けられないのだった。あまりの悪臭に僕は頭痛を覚えながら、まんじりともできずに一晩を過ごした。明日はどこかに避難しようと思いながら。

和嶋くんいる？　電話に出てみると、ノブくんからだった。よかった、生きてた。今大変なことになってるから、アパートの外に出て来て。生きてたとは不謹慎なことを言う、などと思いながら、二階の部屋を出て外階段に向かうと、アパートの前には大勢のやじ馬がおり、入口には黄色いテープが貼られている。衆目の中ゆっくりと階段を下りていく僕は、あたかも歌謡ショーのスターのようであった。数人の警察官がサーッと駆け寄ってくる。聞けば、僕の部屋の階下から、老婆の腐乱死体が見つかったのだという。そうか、あの死臭はやはり人間のものだったか。事件性があるといけないので、こうして現場検証を行なっているのだと言った。短い尋問が終わり、テープの外で待つノブくんのところに行くと、よかったよ、たまたま和嶋くんのアパートの前まで来たら、警官がいっぱいいるじゃないか、何か事件に巻き込まれたかと思ってさ、無事でよかったよ、と心底ホッとしたふうに言うのであった。

老婆は、階下に一人住まいをしていたものらしい。生前の老婆を、僕は一度も見かけたことがなかった。ひっそりと暮らし、身寄りの者はほとんどなく、家賃はきちんと毎月支払っていたようだ。それが数カ月前から滞納を重ねるので、大家が不審に思って部屋を訪ねに行くと、そこに死体があったというわけなのだった。暑い盛りだったから、さぞかし腐乱していたことだろう。そういえば思い出す、ツアー前、僕の部屋には見たこともない虫たちが這いずり回っていた。あれはきっと、死骸を食べていたんだな。老婆の死体にまとわりついていた虫が、僕の部屋をのたくりまわっていたかと思うと、ぞっとした。しかし、人間の死臭というのはすさまじいものだ。あの尋常ならざる臭気。その異常さゆえ、僕はそれを、今まで嗅いだこともないのに、死の臭いだと直感した。タブーの臭いだと分かった。やはり本能は死を知っているのだ。そして老婆は気配を消すように、ひっそりと生きていた。僕は存在すら知らなかった。だが死ぬ時には、あのように臭気によって、圧倒的なまでの存在感を放つ。人はどのように生きても、存在を主張せずにはおれないのだ。自らの命と、その終わりを誇示していく。命はそのぐらい、貴重で、重いのだ。あの死体の発見される前、僕が老婆の恰好をしたいと思ったのはなぜだろう。階下にそのような人が住むなど知りもしないのに。なにかやはり生と死もつながっていて、時々信号を受信することもあるのかもしれない。そして教えてくれるのだろう、生のありがたさを。自室には、相変わらず猛然と死臭が漂っていた。とてもこのままでは眠れないので、居酒屋へ一人で飲みに行った。隣のテーブルで、若い女性たちが、ねえ知ってる、今日高円寺で死体が出たんだってさ、と騒いでいるのが聞こえた。それうちのアパートだよ。言いかけたが、黙って一人で酒を飲んだ。

しばらく経ってから老婆の部屋を覗いてみると、中はゴミ屋敷のようだった。ひとり暮らしの不如意と屈託が、詰まっているようだった。部屋はリフォームされたようだったが、いつまで経っても住人は定着せず、やがて誰も越してこなくなった。僕の髭には、死臭がこびりつき、それが取れるまでには三カ月かかった。

曙　光

肉体労働の日々

再び高円寺にやって来て常盤荘に居を構えて、僕は心に決めたことである。どんなに気にそぐわない辛い仕事であろうと、最低一年は続けようと。僕に足りないのは苦労である。我慢が続かなくてすぐに職場を変えるのでは、何にもならない。そもそもどんな職種であろうと、一年ぐらいやらなくては仕事を覚えない。

弁当配達は、五年ぐらい続けた。毎日車を運転できるのが楽しかったし、職場にも馴染んだ。自分でいうのもなんだが、仕事も早かった。レコーディングの度に長期休まねばならないのが、心苦しかった。録音期間は、あれやこれやで一ヵ月近くかかってしまうのである。早稲田の店で、「そんなに休まれちゃ困るなあ」と言われた。僕もこれ以上迷惑をかけたくなかったので、残念な気がしたが退社することにした。「えー、辞めちゃうの」。大橋さんが寂しがっていた。

『瘋痴狂』は、そのアルバイトを辞してすぐに作ったアルバムである。「品川心中」の落語部分では、シンナーでやられた大橋さんの口調を真似して、職場を懐かしんだ。その頃僕は、失恋していた。レコーディングが近づくともう僕は曲のことで頭がいっぱいで、彼女といても上の空になる。「あなたは私のほうを見ていない」。普段からそうだったかもしれない。まったく僕は相手のことを思いやれない人間だったのである。失恋を言い渡されたが、腑に落ちない。気がつくと元彼女の家の近辺をうろうろしている。レコーディングを終え、次の職場を探さなくてはいけないのにその気になれない。毎日、かつての恋人の家の周りを徘徊している。一度偶然を装って、たまたま帰宅した彼女に話しかけたところ、ハッとした表情をして、その眼には恐怖の色がありありと浮かんでいた。いつも公園のベンチに座っては、納得がいかない、納得がいかないとぐるぐる同じことばかり考え続けていたものだが、そのベンチに腰掛け、さすがに気がついた。もう終わったのだ。そんな馬鹿なことをしていたものだから、貧乏のどん底になった。明日食べるお金もない。なけなしの金をはたいて求人誌を買った。だいたいどこも年齢制限三十五まで、もう僕は四十を越していて、雇ってくれるところは少ないのだった。四十前後可の週払いの仕事があったので、そこに向かった。

自転車で、高円寺から練馬の外れまで走った。ＴＺＲ２５０は、歩道に置いていたら盗まれていた。いやに遠かった。なんだ、ここは埼玉県新座市ではないか。勤め先は、日販の工場であった。雑誌を作り、それを発送する。僕がする仕事は、すでに梱包された雑誌類を地域ごとに分け、それをトラックまで運ぶというものであった。過酷な肉体労働だった。それまでストーカー行為による散歩ぐらいしかしていないから、ふらふらになった。滑り台のようなベルトコンベアから、一つ十キロはあろうかという雑誌の塊りが次から次へとものすごい勢いで落ちてくる。下手に受け止めると怪我をする。それを、熊本なら熊本、広島なら広島のコンテナに重ねていき、いっぱいになった重いところを、外で待機するトラックまでえっちら押していく。汗が滝のように流れた。昼飯を食おうと思うが、お金が百円しかない。売店で一番大きいパンを買って、それをゆっくり大事に食べ、後は水で腹を膨らませた。「今日はこれだけ」。言わなくてもいいことを、同僚に喋ってしまう。そう自嘲でもしなくては、あまりに自分が情けなかった。くたくたになりながら一週間を過ごし、ご苦労様とお給金をもらった。お金がこんなにありがたいものだとは思わなかった。

ようやく仕事にも慣れだしてきた。いつものように淡々と雑誌を積んでいると、「何やってるんだー!」と怒鳴られた。自分の仕事に余裕があるなら、てんてこ舞いになっている他人を手伝えというのであった。ベルトコンベアには赤いランプがついていて、雑誌が溜まると点灯して、けたたましいブザーを鳴らす仕組みになっていた。それが僕のところは点灯せず、少し離れた同僚のものは非常事態を告げていた。まさか四十にもなって怒声を浴びせられるとは思わず、すっかりしょげ返り、高円寺に戻った。何か本でも読むか。その日は僕の愛読している『ムー』の発売日だったので、速やかに書店の雑誌コーナーに向かったものだが、そこにノブくんがいた。『ムー』を立ち読みしていた。「あれ、和嶋くん」「今バイトの帰りなんだよ」。立ち話もなんだというので、そのまま焼き鳥屋の大将へと入った。さっきまで落ち込んでいたものが、晴れ晴れとしてきて、愉快な気分になった。バンドっていいなあと思った。

ある日、休憩時間に煙草を吹かしていると、熱心な視線を感じた。そちらを見やると、いかにもバンドをやっていそうな長髪の青年が、僕をじっと見ている。その時、僕はモーターヘッドのTシャツを着ていたものだが、ロックの匂いを嗅ぎつけて、話でもしたかったのだろう。あの繊細そうな雰囲気からいって、彼の担当楽器はギターに違いない。しかし僕は、あまり職場でバンドをやっていることを知られたくなかった。業界について根掘り葉掘り聞かれるのも面倒だったし、そのことを口にすることによって、自分が落ちぶれたような気がすると思ったからである。落ちぶれたって？周りも僕も、同じ仕事をする仲間じゃないか。僕は自意識過剰だった。彼は何か言いたそうだったが、僕は黙って目をつぶって、煙草をくゆらせ続けた。

数日後、視線が増えた。ハッと思って見ると、背が高くて色の白い、内気そうなこれまた長髪の青年が加わっている。どう見ても同じバンドの仲間である。遠慮がちの態度の裏にアクの強さが垣間見えるから、彼はきっとボーカルだろう。彼らは僕と話したそうにしている。駄目だ、話しかけることができない。ここで会話してしまっては、僕のこれまでせっかく築いてきた、真面目に仕事をする地味で大人しい和嶋さん、の立場が揺らいでしまう。ボーカルの個性は強烈だった。長い体を折り曲げるようにしてひょこひょこと職場内を歩く様は異様で、どうしても彼を目で追ってしまう。周りからはっきりと浮いていて、彼の居場所はここではなくもっと別のところにあると、そう思わずにはおれなかった。彼らは短期の雇用だったらしく、やがて見かけなくなった。そのすぐ後、知人から彼らは毛皮のマリーズだったと聞き、僕は話しておけばよかったと激しく後悔した。

朝九時から夕方五時までの仕事だった。しかし定時で終わることなどめったになく、たいがい夜の七時半まで働いた。繁忙期ともなると、朝は八時で夜は十時までにもなった。自転車通勤は片道一時間半もかかるので、これは体が続かないと、僕はスクーターを月賦で買っていた。早朝の新目白通りをバイクで飛ばして会社に滑り込み、ぶっ続けで夜十時まで体を動かし、へとへとになって高円寺に帰る。繁忙期は読書をする時間もなかった。単純作業だったからよけいそう感じたのだろうが、これは奴隷の仕事だと思った。しかし僕はそこから抜け出せるものでもない。生活がかかっている。もう毒を食らわば皿までだと、僕は一時期休日も、川越にある支社に通っていたりした。まる一カ月休みなく働いた時には、けっこうな金額をもらえて、なんだか努力が報われた気がした。ところで、がむしゃらに働いているから部屋を片付ける余裕がない。どんどん散らかってくる。夜には仕事の憂さを晴らすために、酒をかっくらってそのまま寝てしまうから、また片付けない。ゴミやら雑誌の類いやら酒瓶やらが積み重なって、しまいには地層のようになった。畳がこれっぱかりも見えない。冬場は危ないからストーブも焚けず、僕は外套《がいとう》を着こんでいつも過ごした。案外、ゴミは間に空気を含んでいて、その上で寝るのは暖かいのだった。そして僕には、今の自分にとってゴミの蒲団が一番ふさわしいもののように思えるのだった。

酔いどれ

やさぐれた気分になっていた。居酒屋などに行っても、ただめったやたらに酒を飲む。お開きになり、じゃあ一人で帰るわと店を後にする。タクシーで帰る人もいるが、僕は電車賃すらもったいないので、歩いて帰る。酔っぱらっているから道に迷ったりして、見も知らぬ街の住宅街を彷徨い、ここのお宅に住んでいる人はどのような人生を送り、どのように死んでいくのだろう、などと、余計なお世話には違いないことに思いを巡らせ、自然と涙がこぼれてくる。そのうち、家と家との間に雑草の生い茂った空き地を見つけ、いやに寝心地がよさそうで、そこがもはや、やさぐれた僕の寝床であるとしか思えなくなってくる。揺り籠にでも入るような気持ちで、草むらに身を横たえる。「どうしたんですか。救急車呼びましょうか」。揺り起こされ、目を開けると、年若いきちんとしたご夫婦が、心配そうに僕を見下ろしている。「大丈夫です。お構いなく」。ふらふらと僕は立ち上がる。

奴隷のように働いていたからか、いったい労働とはなんだろう、人の一生とはなんだろう、そんなことばかり考えるようになっていた。浴びるように酒を飲むようになった。飲んだ後は、さっきまで馬鹿話をしていたのに、一人になったからか頭の中は日頃の疑念でどっと溢れんばかりになり、答えも出ないままに、ただただ悲しい気持ちになった。マンションの、無機質に並ぶたくさんの窓が悲しい。アパートの薄汚れた壁が、貧困を物語るようで、切ない。嗚咽した。泣き疲れて、くずおれるように屋外で眠った。酒を飲めば必ず、僕は道端で寝るようになっていた。

太陽の眩しさに目が覚めた。うっすら目を開けると、一面のお花畑だった。僕は死んだのか。色とりどりの花々が、僕を覗き込むように咲いていた。花の向こうには鮮やかな緑の木々が何本もあり、その葉っぱを透かして初夏の日差しが、筋のように僕を照らしていた。どうやら遊歩道にある、花壇に僕は寝ていたようだった。花はまるで人格を持つかのように、僕の周りに集まり、心配げに、そして優しげに僕を見守っていた。たくさんの生命がそこにあった。美しかった。また僕は大声を上げて、花壇に横たわったまま泣いた。

哲学との出会い

テレビを見られなくなったのはいつからだったろう。たぶん、失恋した頃からだ。画面の中の世界が、絶望的状況にいる自分とはおよそかけ離れたもののように思われ、眺めていてもちっとも気が晴れないのだった。どうにも茶番に思われ、また報道も何か別な惑星のことを喋っているようで、僕の懊悩《おうのう》とはまったく無関係に思われる。テレビを見るだけで苦痛に思うようになった。そのほか映画、旅行など、娯楽とされるもののほとんどを受け付けなくなった。それが当たり前であればあるほど、僕はそのことがやれない。そういうものを享受する資格が、僕にはないように思われた。

小説も読めなくなった。筋を追うのも虚しい。ことに大衆小説は、読者を飽きさせないようにハラハラドキドキいろいろ仕掛けを打っているものだが、それがいけない。男女の交情など出て来ようものなら、うわっと思って頁を閉じる。小説以外なら、なんとか読めた。何のために生きているのか。浪人の頃のように、僕は形而上的なものにその答えがある気がした。古本屋で哲学の本を買って、ぽつりぽつりと読み出すようになった。

同僚に、井上くんという早稲田卒業の青年がいた。広島出身で矢沢永吉に似ており、広島の人はみんなこんな顔なのかなと思ったものである。いつの間にか、僕がバンドをやっていることは周知の事実となっていた。井上くんがやって来て、「人間椅子って、上智出身なんですってね」と、いかにも同程度の頭脳の持ち主を見つけたといわんばかりに嬉しそうに言った。「僕は駒澤なんだよ」。途端に井上くんの顔には、しまったという表情と、次にはややがっかりした気配とが浮かんだが、それをきっかけとして僕と井上くんは仲良くなった。無類の酒好きで、大泉学園の居酒屋の二階に住んでいた。もう、ご飯が酒なのである。僕も酒に溺れかかっていたから、彼の自宅兼居酒屋には、まるで道場破りでもするかのような気持ちで通ったものである。

昼食は、もっぱら会社の食堂を使った。それほどいいものでもなかったろうが、汗を流して働いているから、何を食べても美味かった。いつも周りに誰もいない空間を探して、昨日読んだ哲学書の内容を反芻しながら、一人で食べた。食事後は、屋上で煙草を吸いながら、その続きをした。「和嶋さーん」。井上くんたちがやって来る。慕ってくれるのは嬉しいのだが、こちらは人はなぜ生きているのか、人類はどこへ向かおうとしているのか、今日の酒の肴は何にするかなど、いろいろと思索に忙しいのだった。しかし無下に断るわけにもいかない、ああ今日もゆっくり考えることができなかったなあと、僕は井上くんたちと談笑したことである。

ぽつぽつかじるうちに、ショーペンハウエルが好きになった。辛辣で、厭世的で、自分の趣味にあった。キルケゴールはなんだか神学臭くて、面白くなくて途中でやめた。ショーペンハウエルの作中にやたらセネカが出てくるのでそれを読んだり、次には思想的に近いニーチェに挑んだ。ニーチェにはかぶれた。文庫化されているものは皆読んだ。この情熱、知性への官能はなんだろう。哲学というより、詩や文学、芸術に近いものを感じた。そして現代への警句に満ちた、生きた思想がある気がした。ツァラトゥストラに出てくる畜群、これは現在の我々ではないのか。やはり神は死んで、人間は超人を目指すべきものなのか——。生前ニーチェには読者が五人しかいなかったこととか、失恋を契機に精神が崩壊していくあたりとか、思想以外のどうでもいいことにも感心しつつ、しかし僕の心の霧はまだ晴れないのだった。

美しく生きたい

酒を飲んではその辺にくたばって涙を流し、本を読んでは感動に打ち震える日が続いた。ロマン・ロランの『ベートーヴェンの生涯』には勇気づけられた。なにせこちらは不如意な日を送っている、ベートーヴェンが様々の困難に打ち勝って名作をものしていく様は、胸のすく思いがした。そうか、作品がどう評価されるかとか、どのぐらい売れるかとか、そういうことが問題なのではない、大事なのは、心の中から出てきた本当の情熱を、世界に対し表現していくことなのだ。ベートーヴェンは不屈の精神の人であった。それはロマン・ロランから眺めた理想のベートーヴェン像だったかもしれないが、確かに僕はこの本で救われた。何度もくじけそうになる度に読み返し、感動で泣いた。『真夏の夜の夢』のレコーディングの時にも、しきりに泣いていたものだ。音楽をできることのありがたさ、それを発表できることのありがたさ、自分に演奏と創作の才能のあることのありがたさ、スタジオに泊まり込みで作業をしていた僕は、その一日を終える度に、嗚咽していた。そして作詞をしている時だった、僕は、自分というちっぽけな存在を離れて、誰でもない誰かのために、俯瞰で作品を書いていた。これが芸術ということなのか——その一端が、ようやくつかめた気がした。

涙を流す度に、一枚ずつ心の薄皮がはがれていくようだった。気持ちも前向きになっていくようだった。ある夜、仕事から帰って来て、高円寺を逍遥《しょうよう》していた。いつものように、考え事をする。ずいぶん本も読んだなあ。だけど、哲学の本に僕の生き方の答えは載っていなかった。指針、参考になりはするけど、きっとその答えは自分で見つけるしかないんだろう。そしてその答えも見つからないままに、僕は死んでいくのかもしれない。どうやって生きていこうか。何も見つからないとしたなら、せめて、せめて、美しく生きたい。そう思った瞬間だった、夜も更けていたのに、ぱっと目の前が明るくなった。心が晴れ晴れとした。まるで自分の人生に、初めて曙光が差したようだった。そうか、そう生きればいいのか。体には喜びが満ちてきて、僕はそれを味わうために、しばし立ち止まった。そこは、「人間失格」を作ったあの時、恍惚と不安に駆られるままにいた場所と同じ、新高円寺の歩道橋の下だった。

美しく生きたい、ごく簡単な言葉だ。だが、その時の〝美しく〟には、誠実さとか優しさとか、もっといろんなものが含まれていた。そしてその言葉が自分の内側から出てきたことに、僕は感動を覚えた。新しい魂が自分の中に生まれたようだった。何かを悟ったわけではない。ただ、この生まれ変わったような感覚はなんだろう。僕はこの言葉を大事にしたいと思った。この言葉をより所に、生きていこう。

とにかく実践せねばと思った。最初は何をしていいのか分からないので、歩道で倒れている自転車などがあると、それを起こしてやったりした。駅前の自転車置き場に行くともう嬉しくて、管理人でもないのに片っ端から自転車をきれいに並べた。道を尋ねられれば、その人がもういいというまで、ずっと一緒に歩いて案内をした。ホームレスのおじさんを見れば、施しがしたくってウズウズとなる。シケモクなんかを拾っていようものなら、はいこれ吸ってよ、と自分の煙草を全部渡す。

新宿ゴールデン街で気持ちよく飲んだ帰り、JRの高架下にホームレスのおじさんがいるのを見つけた。こちらは酔っている、さあ今晩もトルストイ的犠牲精神を遺憾なく発揮しようと、図々しくも隣に座った。寒いでしょ、これで何かあったかいものでも食べてよ、と、週払いのお金がまだ余っていたので、千円札数枚と財布の小銭を全部渡す。悪いねえお兄ちゃん。僕ももう四十二だったが、挨拶はまず、おばさんならお姉さん、おじさんならお兄さんから始まる。

しばらく話をするうちに、おじさんは、よくその大切なダンボールハウスを、たちの悪い酔っ払いに蹴っ飛ばされるのだとこぼした。ひどいことをしますね。それはそうだ、ホームレスは昨日の僕であり、明日の僕であるかもしれず、蹴飛ばした酔っ払いの明後日かもしれないのだ。みんなおんなじなのだ。もう何かしたくてたまらなくなり、僕はこれから吸う分の煙草を数本だけ残し、あとの全部をおじさんにあげた。悪いねえ、ちょっと待ってよ。おじさんはゴソゴソと隅を探すうちに、はい、と僕に何やら手渡した。それは、大事に取っておいたであろう、黄色く変色した日本酒のワンカップであった。僕にはそれが、おじさんの愛に輝く宝石のように見えたのだった。もったいなくて、ずっとそのワンカップは飲めなかった。

感動の余波が続いているようで、ことあるごとに僕はさらに泣くようになった。不思議なことに、悲しみの涙は減って、人間の美しさで泣くようになった。日常のちょっとした光景に、純朴さ、誠実さ、懸命さ、優しさが垣間見えると、滂沱《ぼうだ》の涙が出てくる。立ち食いのお店に入る。カレーを注文する。新人のお兄さんが要領が悪くって、ただカレーを盛るだけのことに四苦八苦して、やがて出てきたカレーは汚い盛り付けだが、せめてものサービスにと、米の量がありえないぐらいになっている。その真心が嬉しくって、カレーを前にして、泣く。よっぽど腹を空かせた奴に見えたかもしれないが、とめどもなく流れる涙で、さっぱり味も分からないままに、しょっぱい米を僕は頬張るのだった。

アルバムのブックレットの校正で、デザイン事務所に行く。あれ社長はどこへ行ったんだろうと思うと、扉が開いて、社長はその九十にもなるであろう母親の手を引いて、事務所にしずしずと入って来る。母への気遣い、息子への信頼が、もう天才でも描けないに違いない神々しい絵画のように見えて、感動で泣きそうになる。打ち合わせ中に涙は見せられないので、用件もそこそこに、すみません、失礼しますとバイクにまたがり、ヘルメットの中で号泣する。世界は愛で満ちているように見えた。

脱出

ずっと酒は飲んでいた。自室にいる時は、いつも酒と本だけが友だちだった。それしか楽しみがなかった。飲めば、少しは日常の鬱屈から解放される気がした。酔うほどに愉快になって来て、部屋には一人しかいないのに、まるで誰かがそこにいて、酒宴を開いているかのような錯覚に陥った。だんだんと酒量が増えていくのが、自分でも分かった。好きなのは菊正宗の上撰だったが、最初四合の紙パックを二、三日で空けていたものが、二日で四合では足りなくなり、やがて一日で紙パック一つを消費するようになった。どう生きるかが最も大事なことだったが、ふっと気がつくと、午前中から酒のことしか考えていなかったりする。ついに四合では持たずに、その後また別の酒を飲みだすようになった。

銭湯に行こうと思った。手がぶるぶると震えている。なんだか寒いなあ、いや、今日は秋にしては暖かい日だ。これはもしかしてと湯を上がった後に酒を飲んだら、震えは治まった。バンドの練習をする。五分以上の曲だと集中力が持たずに必ずどこかで間違い、最後はブラックアウトしたように訳が分からなくなる。アル中だ、と思った。まさかそんな。不安なのでまた酒を飲む。また演奏を間違う。ちょっと待ってくれ。僕はバンドをやりたくて再び東京に出て来て、でもそれだけでは飯が食えないからアルバイトをやった。肉体労働なので酒が美味い、毎日飲むので酒に強くなる、酒量が増える、アル中になった、ギターが弾けなくなった。いったい何をしているのだ、本末転倒ではないか——。美しく生きたい、と心に決めたのがよかったのだろう、僕は酒浸りの日々から手を切ることができ、その時控えていたレコーディングが終わるまで、四ヵ月間禁酒できた。爾来、酒はたまにしか飲んでいない。道端で寝ることは、もうなくなっていた。

ふれあい

常盤荘は、いつしかゴミ屋敷と化していた。美しく生きたい、と決めたはずなのに、その床上三十センチは堆積しているゴミの層を目の前にすると、どこから手を付けていいものか皆目見当もつかず、茫然とするのであった。ふと、中学の頃に読んだ『サアカスの馬』の一節が浮かんだ。まあいいや、どうだって。

常盤荘の同居人は、鼠だった。きゃつらは最初のうちは小動物らしくおとなしかったが、だんだんとその獣の本性を現してきて、パンはかじる、コードはちぎる、もう僕がいようとお構いなしでその辺を駆け回る。つまり、慣れて図々しくなるのであった。が、ある日ぱたりといなくなる。やれやれと思っていると、また襖の影から気配がしだし、じわじわと獣の本領を発揮し始める。きゃつら、部屋の主人が所有物に抱く執着の度合いが分かるらしく、大事にしているものに限って攻撃してくる。僕が興味のないものには、きゃつらもまったく目もくれないのだった。そういう意地の悪い、嫌らしいところがあった。

見慣れてくると、きゃつらにも個性らしいものがあることが分かった。異常に用心深い奴、豪放磊落な奴、少し抜けている奴。凶暴な奴がいてほとほと手を焼いたが、次に来たのはなかなか分かっている奴だった。僕が大事にしているものには一切手を付けない。パンに手を出すぐらいは買い足せばすむ話なので、それはよろしい。ただし厚かましさの点では抜きん出ていて、部屋の中を普通に闊歩するようになった。読書をしていて視線を感じるのでふっと見上げると、ステレオの上にちょこなんと座って、奴が僕をじっと見ている。酒を飲んでいて物音がするなと思えば、柱の陰に奴がいる。そんな具合に、始終どこかしらから奴に見張られている塩梅になった。しかしよく見ると、なかなか愛嬌のある顔をしているのであった。ふるふるといじらしく震えていたりして、これは確かにハムスターの親戚と唸らせる、愛玩動物の才能があるのであった。こちらもだんだん憎めなくなってくる。孤独な一人暮らしだから、アルバイトから帰って来て、思わず「ただいま」と言いそうになる。ペットを飼っている気持ちになってきた。

奴が獣だということを忘れていた。ある日を境に、突然その本性をさらけ出すようになった。これよりの被害は避けたく、万やむを得ず、駆逐することにした。情が移っていたから、殺生はできない、鼠が嫌がるという触れ込みの、ハッカ剤を買ってきた。効果はてきめんで、部屋の中をじたばたと暴れまわる。そのままどこかに行ってほしかったが、畜生の浅ましさ、コンビニ袋に自ら入った。生け捕った。さて僕はそのコンビニ袋を提げて、しばし捨て場所を求めて高円寺を徘徊するに、とあるお寺の門前に立った。ここならば、草木や昆虫など食べ物にも困らぬだろうし、今もお釈迦様の慈悲の心が息づいている、しっかり生きろよ、と、コンビニ袋をポンと叩いた。すると奴はよろよろと出て来てそのまま境内に向かい、お世話になりました、と言わんばかりに僕のほうを振り向くのだった。

部屋でパソコン画面をにらみ、バンドの事務作業をしていた。右足のくるぶしがこそばゆい。そういえば犬猫のペットがこういう舐め方をするな。何事かと思って見ると、鼠が僕の足を舐めているのだった。うわっと叫んでのけぞると、鼠はそのままぽーんと宙を飛んで、着地するなり部屋のどこかへ消えてしまった。見紛うはずもない、あれは数カ月前までこの部屋にいた、奴だった。生き物はやはり、根底でつながっているのだ。

労働のボーナス

『未来浪漫派』の歌詞を書くために、自らを旅館にカンヅメにしていた。常盤荘はゴミ屋敷だったから、日常必要なもの、興味をひくものは、すべて手の届く範囲内に収まっている、すなわち誘惑に囲まれて暮らしているようなもので、気が散ってしようがないからだった。荻窪にある、旅館西郊に泊まり込んでいた。レトロな外観が気に入って、何年か前から、アルバム制作時における僕の定宿となっていた。つつがなく詞作は進み、後は「深淵」を残すのみとなっていた。「深淵」には、格別の思い入れがある。深淵とは、いわゆるニーチェのいう深淵だが、僕はそれを覗き込むようにしてこの曲を作っていった。完成した折には、達成感と幸福感で、公園を散歩しながら泣いたものだ。

チェックインする際に言われてはいたのだ。途中から団体さんが来ますが大丈夫ですかと。大方婦人会のおばさんか何かだろうと思って、はいと了承したものだが、違った。うら若き乙女たちの集団であった。会社研修なのか学校研修なのか、二十歳前後の女子たちが、きゃっきゃと姦しく騒ぎながら、総勢三十名ほど旅館内を徘徊している。なにやらいい匂いがするようでもある。また困ったことに、たいへんお行儀のいい娘さんたちで、僕とすれ違う度に、こんにちは、と挨拶をする。まったく集中できない。これならば常盤荘のほうがまだましだ。娘たちは悪魔ではないか、などと思いながらしばらく呻吟するうちに、深淵、というテーマがそうさせたのであろう、僕は作曲した時と同じように、いつしか心の奥底へと下りているのだった。もう嬌声も気にならない、僕は作詞に没頭し、しばしば号泣しながら、「深淵」の詞は出来上がったことである。

歌入れのために、スタジオへと向かう。気分はさながら、山を下りるツァラトゥストラだった。まず最初は「太陽の没落」だった。第一声で、驚いた。自分の声が頭蓋骨に反響して、体全体で歌えているのであった。自分が声だけになったようだった。デビューの頃通ったボイストレーニングでは、腹式呼吸がまったくできずに往生したものだが、今はそれが意識せずともやすやすと行なえているのだった。おそらく、三年間の肉体労働が功を奏したものであろう。僕は、製本会社の同僚、社員の人たち、そして僕を労働に向かわせるに至った貧乏に、感謝せずにはおれなかった。

第四章　現在から未来へ

再生

心の掃除

常盤荘は古くなったので、取り壊す、と言われた。死体が出たことも影響しているのであろう、僕は引っ越しをしなくてはならなくなった。部屋はきれいにしていってくれ、と言う。困った。この膨大なゴミをどうするか。とても他人には見せられないから、一人で処分しなくてはならない。全部片付くまでに、どう頑張っても一ヵ月はかかるであろう。これを機に、アルバイトは辞めよう——。常盤荘に越してきてから、すでに十年以上が経っていた。もう十分自分は、苦労を重ねてきた気がした。貧乏にあえぎ、失恋に打ちのめされ、孤独を嚙みしめた。そしてその中から、芸術の一端を、生きる目的を、確かに僕はつかんだ。あの生まれ変わった日から、僕は残りの人生を芸術と創作に捧げることに決めたのだ。そしてそれは、全力を尽くさなくては成し遂げられない。ちょうどバンドの状況も上向き出していて、今より家賃の安いところに越せば、バンドだけで食えそうな兆しがあった。貧乏への耐性だけなら、僕は尋常ならざるものがある、アルバイトは辞めよう。ちょうどその頃、母の夢に、毅然とした顔で僕が旅立ちを告げに来たのだという。いわれてみれば、青森を出てから十年が経っていた。

井上くんたちに別れを言うのは辛かった。僕は一定の距離を置きつつも、やはり職場に馴染んでいたし、仕事も楽にこなせるようになっていた。しばらくは、アルバイトの夢を見続けたものだ。さて、このうず高く積まれたゴミの山をどうするか。とりあえずゴミ袋に詰めていったが、さっぱり減る気配とてない。山に登って、歩いても歩いても山容が変わらぬあの感覚だ。広く浅くが駄目なのだと、一点集中で行くことにした。まずトイレ。三日ほどかかって、ようやくタイルの床が見えた。こんなに汚かったのか。やれば結果は出るとの手応えをつかんだので、粛々と部屋の中を手前から進める。調子に乗ってどしどしゴミ袋を出していたら、ある時から持って行ってくれなくなった。収集所の立て札を見ると、一人三袋までとある。そんなの知らなかった。その頃幸いにも住人はすべて部屋を引き払っていて、僕は常盤荘の主となっていた、ゴミ袋は廊下に並べることにした。ゴミは十年間の思い出の蓄積だった。記憶の奥底にしまって、努めて思い出さないようにしていたものが、ひょっこりと顔を出す。

鮮やかに情景が甦り、その度に僕は声を上げて泣いた。まるで心の洗濯だった。引っ越し先に何を持って行くかの選別には難儀したが、本当に必要なもの以外は全部捨てることにした。本も、僕を勇気づけてくれたもの以外は皆処分し、また溜まりに溜まった怪談本のあたりからは何やら黒い煙が出ているようだったので、それらも捨てた。最終的に、ゴミは六十袋までにもなった。とても通常のゴミ収集だけでは追いつかないので、区に電話をして、引き取りに来てもらった。トラックが二台も来た。部屋の中は、畳の床が見えて、清々しかった。越してきた時とは違って黒いカビだらけだったが、それでもせいせいとした気持ちになった。最後に掃除機をかけ雑巾がけをし、僕の持ち物は何もないガランとした部屋になった。自然と頭が下がった。十年間、お世話になりました。僕の頬を、とめどもない涙が伝っていった。

蚕糸の森公園

東高円寺に家賃二万五千円のアパートを見つけて、そこに移った。木造モルタルの壁の薄いアパートで、部屋は二階に三部屋のみ、僕は真ん中だった。一階は、向かいに住む大家さんの物置だった。大家さんは年老いてはいたが、なるほど元警察官らしく、いつも外を交番の巡査のようにしかつめらしく眺めていた。常盤荘の時は部屋が乱雑すぎて自炊もままならなかったが、新天地では節約生活をせねばならない、僕は自炊を始めることにした。鍋で米を炊き、野菜を簡単に茹で、魚を焼いたりする。質素だが、どこか気持ちが落ち着くのであった。壁の薄いのが難点だった。隣の鼻をかむ音まで聞こえるほどで、ギターを練習する際など、隣人の気配のない時を見計らって弾かねばならない。まれに引っ越しが行なわれ、そうした時は数ヵ月間空室になってほっとしたものだが、ある時未曽有の神経質な男が越してきた。僕がギターを弾くと、壁をトントン、とやられる。細心の注意を払って、指で蚊の鳴くような音で弾いても、トントン。これには困った。こちらはもう背水の陣を敷いて音楽一本でやっているから、ギターを弾かないわけにはいかない。押し入れに入ってみたが息が詰まる、トイレでもやってみたが狭くて体が痛くなる、もうアパートを出奔するしかないと、旅行用の小型ギターを買い、野外で弾くことにした。児童公園、コインランドリー、弾けそうな空間があればどこにでも行った。必死だったのか、恥ずかしいとも思わなかった。やがて、蚕糸の森公園*が僕の個人練習スタジオとなった。

昼でも夜でも、小型ギターを担いで僕は蚕糸の森公園に通った。お気に入りの場所ができて、それは、こんもりとした丘の上にある大きな樹の下だった。その樹は、すくすくと天に向かって育っていったというふうではなく、太い幹が不自然に横に伸びているといった恰好だった。その屈折した枝ぶりが、どこか自分に似ているようだった。いつもその樹の下で、ギターを弾いた。友だちになっていくようだった。たまに酔っぱらった時など、親友のように、恋人のように彼を抱きしめた。

次のレコーディングが迫っていた。だいぶ曲は出揃ってきたが、あと一曲、僕にはどうしても作りたい曲があった。僕は、たとえば空に瞬く一個の小さな星、道端に咲く名も知らぬ花、往来ですれ違った人の頰に浮かぶ微笑、そういったものにある共通の美しさが宿っていると感じていた。その消息はポーの『リジイア』にも描かれているが、この通底する美を、なんとしても作品としてものしたいと思った。いつものように、樹下に座ってギターを弾く。夜から始め日付は変わり、しかしいっこうに手応えのあるものはできない。やがて夜が白々と明けかかって来て、どこかで野鳥が鳴いた。池では水鳥が泳ぎ出した。獣の吠える声がする。僕は生き物と同じ瞬間を生きている――。自然と、ハーモニクスによるフレーズが浮かんだ。これだ、と思った。それから、みるみる「胡蝶蘭」は出来上がっていった。

東高円寺に来て一年ほど経ってから、大家さんが亡くなった。この間から、そこのお婆ちゃんがお見舞いに行くのを見かけていたものだが、こうも早くに亡くなるとは。

お悔やみを言うために、大家さんのお宅へうかがった。線香を上げた後で軽い世間話をすると、お婆ちゃんの出身は秋田とのことだった。同じ東北出ということで気安くなり、それからは時々お婆ちゃんのところへお邪魔するようになった。まるで、自分にもう一人母親ができたかのようだった。

仕事の充実

僕は、人には人として最低限必要な苦労の量があるとして、その分はもう返済しただろうと思った。あとは、もっと何かを手に入れたいのだったら、それ相応の苦労がやって来る、それだけだと思った。デビュー前、大友克洋さんに言われた、「お前苦労してないだろ」はありがたい言葉だった。今なら言える。大友さんに会って、「僕は苦労しました」と。デビューの頃より人間椅子は売れていなかったが、それがどうしたというのだ、苦労をして、芸術の片鱗が分かって、生き方の鍵を見つけて、自分の心から作品を生み出せるようになった、売れていなくともはるかにそのほうが芸術家としてまっとうではないか。そして僕は、そのことにこの上もない幸福を感じていた。

二〇一二年の五月に、筋肉少女帯と共演することになった。小池さんの会社で働いていたあの頃、日清パワーステーションの横でパソコンを運んでいた僕に、こうした日の来ることなど想像できただろうか。ああ続けていてよかったと、しみじみ思った。ライブの前日は、蚕糸の森公園で練習をした。どうやら筋肉少女帯のスタッフが近所に住んでいたようで、偶然にも僕の前を通りかかった。「あれ、和嶋さん何してるんですか?」「見ての通り、ギターの練習だよ」。彼は、あっけにとられたような顔をしていた。明日は大きな会場だったが、そこに出演する僕が部屋でギターを弾けなくて、こうして外で地べたに座って練習をしている。その落差が無性におかしくなり、いつもの屈折した樹の下で、僕は大笑いをした。

少し前から、ライブの動員が増えだしていた。CDの売れ行きも、ちょっとずつではあるが伸び出してきていた。様々の理由があるに違いない。しかしこれもひとえに、ファンの方々のたゆまぬ応援があったからだ。そして、僕らが地道な努力を続けてきたからだ。人間椅子は上昇気流に乗りだした、そう思わずにはおれなかった。

同じ年、ももいろクローバーZでギターを弾かないか、というお誘いがあった。いかなテレビを見ない僕でも、彼女たちに絶大なる人気があることは知っている。二つ返事で引き受けたものだが、ふと思った。おそらく僕の立ち位置は、マニアックなロックバンドのギター、であろう。超メジャーな仕事に関わることに、疑念を抱く方がもしかしたら出るかもしれない。でもマニアックだからこそ、そのことで僕は依頼されたのだし、なにより自分の才能を必要とされているのが嬉しかった。トルストイの作中人物のように、僕は助けを求めている人がいるのなら、その人を助けたいと思う。そして、生き方の鍵を見つけた僕は、どんなことがあっても根幹は変わらないとの、揺るぎようのない自信があった。

部屋でギターは弾けないので、蚕糸の森公園にMTRを持ち込み、フレーズを練った。一流のアイドルとの仕事の準備を、公園でしている、そのことにまた僕は愉快な気持ちになった。一からの創作ではないので楽しくフレーズを考えることができ、さて僕はスタジオへと向かった。歌入れは終わっていて、ギタートラックが最後の録音ということだった。彼女たちに会えないのは残念だったが、多くの人の耳に届くようにと、最善を尽くした。まだ時間があったので、もう少し弾いていい？　と、エンディングにソロをアドリブで入れた。人の役に立った。とても僕は充実した気分だった。

アパートの更新が近づいていた。お婆ちゃんのところに行くと、「和嶋さんはとてもいい人だから、家賃を下げます」と言われた。耳を疑った。だって、二万五千円である、今時の東京でそんな値段はなかなかない。恐縮に思って辞退したのだが、断固お婆ちゃんはそうするという。不動産屋と協議の末、三千円下げてもらって二万二千円となった。大学を卒業して初めて住んだアパートより、たぶん安い。不動産屋は、こんな話は聞いたことがないと、首を傾げていた。お婆ちゃんに、僕がももクロの録音を手伝ったことを話すと、手を叩いて大喜びしてくれた。

ももクロが紅白に初出場するとなった。もちろん僕が出るわけではないが、我が事のように嬉しかった。お婆ちゃんとお茶を飲みながら、よかったねえと話した後、さて困ったと思った。僕の部屋にはテレビがないのであった。大晦日にはお婆ちゃんは娘さんご一家のところに泊まるとのことだし、思案の挙句、僕はゴールデン街で年を越すことにした。あそこになら、テレビがある。友だちと高円寺で飲んでいたら遅れそうになり、走ってお店に入った。今しもももクロが始まるところであった。大晦日というのに、僕同様に家族もおらず暇そうな連中が、カウンターにひしめき合っていた。馬鹿話をするうちに、除夜の鐘がなった。みんなで初詣でに行くか！　花園神社に行き、お賽銭を入れ、手を合わせた。今年もいいことがありますように。

オズフェスへ

新しい年になってすぐ、オズフェス（OZZFEST JAPAN）から出演依頼が来た。ノブくんがブッキングの窓口になっているのだが、それを告げるノブくんの声は興奮して震えていた。僕の声も上ずった。オズフェスである。ブラック・サバスと同じステージである。これは現実だろうかと思った。浪人時代、鈴木くんからブラック・サバスのカセットテープが届き、それを契機に僕らはカバーバンドを始め、ブラック・サバスみたいなことをしたいねといって、人間椅子は組まれたのである。ブラック・サバスは、僕らの師匠であり、青春であり、永遠のアイドルなのである。その彼らのイベントに出る！　夢見心地になって、しばらくの間、現実を把握できなかった。何か用事があるかして、スクーターに乗っていても、地面の上を走っている気がしない。まるで宙を飛んでいるようだ。そんな経験は初めてで、ああこれが天にも昇る気持ちかと思った。そして、これは人間椅子にとって大きな飛躍の機会に違いないとも思った。僕らはイカ天に出ることによってデビューできたわけだが、それに匹敵する、いや、海外の方々と共演するわけだから、それ以上の好機になると思われた。

バンドの再デビューになると思った。ここでしくじるわけにはいかない。万全を期していかねばならない。身の引き締まる思いだった。

今いるアパートには問題があった。部屋でギターが弾けないのでは、今後活動に支障をきたすであろう。もう引っ越す潮時ではないのか。でも、お婆ちゃんはいい人だし、せっかく家賃も下げてもらったし……苦渋の選択だったが、やはり音楽がやれなくては何のために東京にいるのかも分からない、引っ越しの決断をした。心置きなくギターが弾けるようにと、楽器可の物件を探した。でもそういったところは皆家賃がべらぼうに高く、今の自分の経済力ではとても不可能である、しかし根気よく探すうち、ようやく折り合いのつくところを発見した。お婆ちゃんには、今までの感謝の言葉を述べて、十年以上慣れ親しんできた、高円寺の街を後にした。自分にとっての、新しい出発だった。オズフェスは、あと一カ月後に迫っていた。

鉄筋コンクリートの、古いマンションだった。四十八にして、ようやく一人の力で風呂付きに住めた。ここまで来るのに、ずいぶんと時間がかかったなあ……でもこれで終わりじゃないだろう、むしろここから、また新しい生活が始まるんだ。引っ越した初日は、一人で部屋で祝杯を挙げた。飲むうちに、朝になった。まだ飲み足りない。コンビニに行って、少しの酒とツマミを買って、確か五百二十円だった。帰宅する途中、何やらポケットで小銭のぶつかる音がする。僕には小銭を裸でポケットに入れる習慣はないので、おやと思って手に取ってみると、ちょうど今しもコンビニで支払った、五百二十円ぴったりだった。返ってきた。この土地に歓迎されているな、と思った。

しばしば僕は、誰かが自分のことを見ているのではと思う時がある。弁当屋でのストップ事件もそうだったし、学生の時にはこんなことがあった。実家に帰りたくてもお金が足りない。あと五百円あれば急行列車の切符が買えて、里帰りできる。あと五百円、あと五百円、と念じるように三軒茶屋の玉川通りを歩いていたら、キラッと光って、目の前をかすめるように空から五百円玉が降ってきた。驚きよりも安堵の気持ちのほうが強く、その五百円で僕は実家に帰ったことである。お恵みがその時必要な分だけというのが、僕らしい話だが。そのほか、バンドがにっちもさっちもいかなくなった時などでも、必ず誰かが援助の手を差し伸べてくれた。まるで僕、そして僕らに、好きなことを続けろと誰かが言っているようだった。

オズフェスへ向けて、練習が始まった。あと一人スタッフが足りないという時には、街でばったり目星をつけておいた人と出会い、そのまま仲間に入ってもらうなど、すべての歯車が嚙み合っていた。入念にリハーサルを重ね、持ち時間を越さないように、ストップウォッチまで使って練習した。いよいよ明日だね。スタジオを出て鈴木くんに言うと、少し潤んだ目で、うん、と肯いた。スズケンの顔になっていた。

ステージの上には、スズケンと、ノブくんと、そして……僕がいた。お客さんはあまりに多すぎて、黒い塊りのようだった。客席の後ろの方は人いきれで、靄がかかったようになっていた。「人間椅子、人間椅子」と、きりもなく僕らのバンド名を、お客さんが連呼していた。

芸術は無限

たまに僕は、自分のかつて住んでいた家々を回ってみたりする。鎌ケ谷に行って、結婚生活を送っていたアパートの前に立ち、当時を振り返る。薄汚れた壁だ。ああ、僕はここに住んで、好きなことばっかりして、奥さんに食わせてもらっていたんだ。奥さん、ありがとう。今は自分で食えるようになったよ。三軒茶屋に行って、小池さんと一緒に住んでいたアパートの跡地を見る。公園の水道で頭を洗って、冷たかったなあ。小池さん、僕は今、やっと風呂付きに住んでますよ。高円寺に行って、常盤荘跡地や、大学を出て最初に住んだアパートの辺りを、散策する。屈託ばかりだったたなあ。和嶋、お前は十分苦労したよ。かつて住んだところのほとんどが取り壊されて、小ぎれいな集合住宅になっているが、街のそちこちに、当時の匂いがまだ残っている。僕はその空気を嗅いで、今まで経験してきた事柄をしみじみと嚙みしめる。そして、結婚する前にお別れした人と住んでいたあたりには、辛すぎてやっぱり行けない。

お陰様で、今はバンドも順調で、いろんな仕事も来るようになった。締め切りに追われっぱなしで、ご迷惑をかけることも多いが、ありがたいと思って手を抜かずにやっている。僕は気づいたのだ、最善を尽くさなくては何の意味もないと。ベストを尽くすから、次の仕事がやって来る。死ぬ気で曲を書くから、またアルバムが出せる。本気で物事に取り組まない限り、魂の炎はけっして点火してくれない。そして魂の炎のあるところにしか、芸術は生まれない。

今僕は魂と言ったが、僕が美しく生きたい、と感じたのは、魂の声が聞こえたからである。頭でこねくり回して出した言葉ではない。心の奥底から聞こえたのである。その言葉で生まれ変わることができた。もちろん僕は僕だから、ほとんど何も変わっていないように見えるかもしれない。僕という殻は、体も気持ちの有り様も、脱ぎ捨てようがないからだ。相変わらずいい加減だったりするだろう。でも自分では分かっている。僕はある一点において、変わったのだ。魂などない、と仏教のほうではいうかもしれない。でも、僕はこのいいようのない、形もないものを、仏性に近いものと言ってもいいのではないかと思っている。仏性とは、発心を起こすところのもの、慈悲の源である。僕は忙しくなる前、少しだけだが、あるお方の導きで再び座禅をするようになっていたものだ。講読会で、道元禅師の『正法眼蔵』をやる。学生の頃は一行も分からず、ちんぷんかんぷんだったが、その時は、おおよそのいわんとするところは分かったのであった。もちろん逐一分かったわけではない。僕も見性したとかそういうものでもない。ただ、ああそうだ、いわば僕には発心が生まれたのだ。それが生まれるまで、四十年かかったのだ。

この発心が生まれてから、僕は物事への対処の仕方が変わった。世の中は必ず自分のしたことの結果しか帰って来ない。人におごる、そうするとおごられる。最善を尽くして仕事をすれば、次の仕事が来る。手を抜けば、次回が来ないのは道理なのである。そうして発心を起こすところの仏性は形もなく無限としかいいようのないものだから、発心から始めるものもまた、無限なのである。魂は仏性に近いものだと言った。だから、魂に揺さぶられ、そこから紡ぎ出す芸術もまた、限界がないのである。魂をより所とする限り、その人の肉体が滅ぶまで、その人の芸術は枯渇しないであろう。

人は自分の思った通りに、選んだ通りに人生を生きている。トランプ占いで試練を選んだ僕は、その通りの人生を今も歩んでいる。

＊蚕糸の森公園　一丁目のアパートでは、部屋で楽器を弾けませんでした。野外を彷徨うち、やがて蚕糸の森公園にある樹の下で、曲を作り、練習をするようになりました。人の注意を引かない、高いところにありました。夏は蚊取り線香を持参し、冬は外套を何枚も着こんで、そこに行きました。いつの間にか樹は、僕の親友になりました。そこで作った曲が溜まり、一枚アルバムが出来ました。彼と祝杯をあげ、彼を抱きしめました。

特別対談

津軽人としてのアイデンティティ

～対談／シソンヌじろう～

――二人とも弘前高校出身で、しかも保育園から小中高まで同じ学校に通っていたそうですね。

和嶋　今回、高校でも撮影してきたんだけど、今の弘前高校の生徒って、びっくりするぐらいおとなしいよ。僕らの頃は、いわゆるバンカラの校風が残ってた。

シソンヌじろう（以下、じろう）　そう思いますね。

和嶋　今は優秀で真面目そうな雰囲気なんだよ。昔は「よく遊び、よく学ぶ」みたいな感じだった。僕らの頃だと、優秀な同級生は東京とかに出ちゃって、地元に残る人はそんなに多くなかったんです。だけど、今は地元志向だって聞いたよ。みんな、弘前大学に行くんだろうね。じろうくんの頃も、結構みんな外に出たでしょ？

じろう　出ましたよ。生徒の三分の一ぐらいは弘前大学に行ってたと思うんですけど。僕の友達は外に出て行く人が多かったですね。北海道、仙台、東京……。

和嶋　ですよねぇ。僕らの時は、「ここから出たい」という空気があったような気がするなぁ。
じろう　僕も最初は留学したいって親に言ったんですけど、「お前が海外に出て一人でやれるとは思わない」って却下されたんです。で、外国語大学の短大に行きました。今でこそ、弘前に帰りたいと思うけど、当時は絶対に帰りたくないと思ってましたね。
和嶋　わかります！　今になって、弘前の良さはすごくわかるんですよ。だから、あんまりネガティブなことを言いたくないんですけど、弘前にいたら、どこか人生が終わってしまうような感じがあったの。自分の可能性を伸ばさないまま終わってしまうと思っちゃって。それこそ、今僕らがやってるクリエイティブなことは、地元にいたままだったら難しいよね。
じろう　そうですね。
和嶋　そうそう、僕が子供の頃には、劇団員がやってる「夜行館」というねぶたがありまして。皆、白塗りで引っ張るんです。寺山修司の世界ですよ。それを見て衝撃を受けたのがきっかけで、こういう創作をやってるのかもしれない。
じろう　確かに、おどろおどろしいものに触れる機会がすごく多かったですね！　長勝寺というお寺には、すごいでっかい地獄の絵があるし、ねぷたの裏絵も全部恐ろしい絵ですよね。

和嶋　弘前のねぷた自体がそもそも無残絵だらけだからね。

じろう　そうなんです。斬り落とした首を持ってる鬼とか。

和嶋　縄で縛られた女が吊るされてる、ＳＭみたいな絵とかね（笑）。

じろう　さくらまつりに行ったら行ったで、お化け屋敷や見世物小屋があって、その看板も気持ち悪いんですよ。おどろおどろしくて。あの文化って、なんなんですかね？（笑）。

――二人は幼い頃からそういうおどろおどろしいものに触れているからかもしれないですけど、作風にどこかダークな要素もありますよね。

和嶋　敢えて人間の暗い面を見せて、カタルシスを得るみたいな。これはカタルシスの原点なんですよ。今は一般的にそういうのを封じ込めようとするけど、昔はそういうものが見られるようになってたんだよね。そこで暗いものを見せて、生きてる実感を得る文化があったんだろうね。見世物小屋は基本的に今ダメでしょ。

じろう「見世物小屋」という表現自体もダメかもしれないですね。

和嶋　あのいかがわしさが良いんだよね。インチキとわかってて見るし。

じろう　五百円ぐらい払って中に入るんですよね。表では「カッパが見れます！」とか「蛇ばばあが出てくるぞ！」とか宣伝してるんですけど、中は作り物のカッパが一瞬出てきて終わりとか、ばばあが鼻から蛇を入れて口から出すのを見せられたりとか（笑）。

和嶋　看板にはすごい美女のように描いてあるのに、きったない婆さんが出てくるんだよね（笑）。ものすごいインチキだよね。五百円なら許せるけど。

じろう　そういうのもあって、さくらまつりは楽しかったですね。

――その頃、部活動や課外活動に力を入れたりしましたか？

和嶋　そういえば、小中高と伺いますけど、どんな部活動を？

じろう　小学校はサッカー部でした。ちょうどJリーグが始まる前ですね。

和嶋　僕らの時には、サッカー部のサの字もなかったなあ。

じろう　僕らが四年生の時に初めてできたんです。入部してみたら、めちゃくちゃ弱くて、三年間で一勝しかしなかったんです。毎回、15対0とかで負けて。中学校に入ると、サッカー部だった連中が皆、バレーボールやりたいって言うんで、僕もそれにつられて、バレーボール部に入りました。

和嶋　あっ！　確かに、じろうくんにはバレー部の雰囲気があるね！　とってつけたような言い方ですが（笑）。

じろう　それも二年ぐらいで途中で辞めて。背がすごくちっちゃかったんですよ。その時まで160センチぐらいしかなくて。辞めた途端に伸び始めたんですけどね。

和嶋　第二次性徴期が遅かったんだね。

じろう　声変わりも遅かったですしね。高校に入ると、当時、前田日明っていう格闘家のリングスが流行ってたんです。総合格闘技をよく観てて、ああいうことをやりたいなと思って、空手部に入ったんですよ。高校の空手部って、当て切ったらダメで、寸止めなんですね。女子と組手やってる時に、引いてるにもかかわらず痛すぎて嫌になって。こんなに弱くてみじめな思いはしたくないと思って、辞めたんです。高校の時、部活に入らない連中が集まって作った模型部っていうのがあって、二年生の後半から籍だけそこに置いて、皆でカードゲームしたりしてたんですよ。

和嶋　長続きしないね（笑）。その辺も似てるなぁ。僕はスポーツの部活動をずっとやれる人がうらやましいと思ったんですよ。僕も全然ダメでね。小学校の時は、父親が中学校の先生で、卓球部の顧問をやってたの。全国大会につれていくほどだったんですよ。先生同士は皆、そのことを知ってるから、「和嶋くんも卓球できるだろう」ということになって卓球部に入れられたんだけど、全然ダメで。苦い思い出しかないですね。とりあえず卓球をやれるようにはなったけど、下手でね。中学校に入ったら、運動部は嫌だと思って、図書委員をやってたよ。図書局っていうのは部活動扱いだったから、そこに入って本ばっかり読んでました。でも、その頃の三中（弘前市立第三中学校）は、運動をやってないと、人間として認められないみたいなところがあって。

じろう　「あいつら美術部かよ！」みたいなの、ありましたね。

和嶋　その頃に〝マイノリティ道〟が培われたんです。高校に入ったら、ちょっと運動したほうがいいんじゃないかと思って、三中から弘高に行った友達が空手をやってて、なんか流れで空手部に入っちゃったんだよね。じろうくんと同じことやってるね（笑）。

じろう　三年間続けたんですか？

和嶋　三年生の途中までね。やっぱり、運動には向いてないんですよ。試合に出れば負けるだけだし。組手が全然ダメなの。ある学校の生徒と対戦すると、平気で当ててくるんだよ。なんかそれが嫌で。

じろう　わかります。絶対、弘高生だっていうので、そういうことをやってくるんですよ。

和嶋　乱暴者とやるんですよね。とりあえず、空手部に籍を置いてたという感じ。三年生ぐらいに、小説を書きたいと思って、文芸部に入りました。文芸部って、文集を出すんだけど、「和嶋くんは文集に載りたいがために、今頃文芸部に入ったんじゃないの？」って陰口を叩かれたりして、それはちょっと嫌だったな。なんか嫌な思い出ばっかりだなぁ（笑）。屈折してるんですよ。

じろう　それが原点になっている。そういうところがエネルギーになるんですよ。

和嶋　人間はどうも美しい面だけではないということを、身をもって知った青森時代でしたね。各所でそういうことを教えられました。で、青森を出たいと切実に思ったんです。

――今、弘前に帰ると、どんな気持ちになるんですか？

和嶋　わりと肯定的に捉えるようになったのは、ここ十年ぐらいですよ。最初のうちは、バンドでデビューして弘前でライブやっても、なんか変に意識して、毎回、自分的には出来の悪いライブをやっちゃって。今はご恩返しのつもりでやるから、むしろ昔よりいい演奏ができるんです。他の土地よりもいい感じでやれたりする。

じろう　今、ツアーで青森に来る時は、青森市内でやるじゃないですか。弘前って、ライブハウスがあんまりないんですか？

和嶋　二十年ぐらい前かな。Ｍａｇ－Ｎｅｔっていうライブハウスができて、そこでやったりするよ。あそこができた時は、ちょうど僕が弘前に二年間ほど帰っていた頃で。三十代前半に父親が亡くなって、「お前どうするんだ？」っていう話になって、バンドもレコード会社とショット契約しかできなかった時期。ちょっと先行きを考えようということで、弘前に二年間住んでたんですね。その時にＭａｇ－Ｎｅｔができて、手伝ってくれと言われて、ちょっと働いたことがあったの。

じろう　その時、鈴木（研一）さんは東京にいたんですか？

和嶋　うん、東京にいました。ライブのたびに僕が東京に行ったり、他のメンバーに来てもらったり、そのＭａｇ－Ｎｅｔで『人間椅子倶楽部』というローカル番組を収録したりしてたよ。

じろう　そこからよくまた東京に出ましたね！

和嶋　そうなんだよね。その職場に馴染めなくて、バンドが忙しいって嘘ついて、あんまり行かなかったりもしました。ライブハウスの仕事もまともにできないっていう、ダメダメな奴だったんですよ！　やっぱり、青森にこのままいると、腐るなぁと思って、出ることにしました。ちょうどその頃、結婚しまして、それを機にもう一回上京したんです。

じろう　えー！　和嶋さんって結婚されてたんですか。

和嶋　二年間だけだったけどね。

じろう　僕は芸人をやってるんで、地元に帰ったら終わりだと思ってました。もう一回東京に出るっていう発想はなくなるだろうなと。相当なエネルギーですよ。住まいも全部引き払って。和嶋さんがそれでももう一回出てきたところはすごいですよ。

和嶋　Ｍａｇ－Ｎｅｔで働いた一年間の経験が、ある意味できっかけになったんです。気がついたら、お客さんにビールをついで出す係になってましたから。そうすると、「お前、ビールのつぎ方悪いな」ってお客さんに怒られたりして（笑）。すごく人間がちっちゃくなっちゃった時期なんだよね。これじゃダメだと思って、親に「もう一回東京でバンドをやらせてくれ。あと十年だけ！」って言った。

じろう　十年って！（笑）

和嶋　それ以上経っちゃったけれども（笑）。

じろう　お父さんが亡くなる前、東京でやってる時に、ご両親は応援してくれてたんですか？

和嶋　いや、最初は「いつ帰ってくるんだ？」って言われてたね。そんなにバンド活動が長続きするとは思ってないから。すぐに売れなくなって戻ってくるだろうと思っていた。僕が行った大学は仏教学部だったから、幸いにして、就職に不利なんだよ。最初はそれを理由にして、バンドをやらせてくれって言ったね。就職口はあまりないし、自分の好きなことを試したいと。そのうちCDを作れるという状況になったから、バンドをあと数年やらせてくれと親の了承を得ましたね。就職せず、バンドを続けたんです。で、その感じをずるずると引っ張ったんですよ。とはいえ、その頃はたまにテレビに出たりしてたから、親は録画したりして、陰ながら応援してくれていたみたい。それが三十歳ぐらいになると、いつまでやってるんだという話になってきて、バンドも低迷し始める。父親は僕が三十過ぎの時に亡くなるんですけど、もし生きてれば、バンドを辞めてたかもしれないね。父親には逆らえなかったんだよ（笑）。親御さんは、芸人をやるって言ったら、どんな反応だったの？

じろう　親父はずっと反対してて、「いつまでやるんだ。帰って来い」って言ってたんですけど、お母さんがずっと応援してくれてたんですよ。「あんたは好きなことやりなさい。昔からひょうきんな子だったから、多分向いてると思うよ」って言ってくれて。芸人になって一年目の時に、お母さんが亡くなったんです。そしたら、そこからあんまりお父さんも前ほど言ってこなくなって。

和嶋　親にしてみれば、どちらかが亡くなると、「子供には好きなことをやらせよう」って思うのかもね。

じろう　そうなんですかねぇ。

和嶋　ウチの母親は「好きなことやれ」って、言うようになったんだよ。ふと思う時があって、亡くなった父親は、死をもって、一つ大きなことを教えてくれた気がするんだよね。親の死によって、自分が変わったところもあるし。だからもう、自分の中で腹をくくるしかない。両親が健在だと、いつでも帰れるし、いつでも辞められるっていう甘えがあるけれども、片親が亡くなると、もう後に引けないという気持ちになるんだよ。わりと早い頃にお母さんは亡くなられてるんだね。

じろう　僕が二十八歳ぐらいの時ですね。母親は僕がライブでネタをやってるのを一回も観たことがないんですよ。そこだけが心残りですけどね。今は親父が再婚して、義母がめちゃくちゃ僕のことを応援してくれるんですよ！　親父よりも義母がものすごい勢いで応援してるから、複雑な気持ちなんです（笑）。

——お互いの現在の活躍ぶりを見て、どう思いますか？

和嶋　我が事のように嬉しいです！

じろう　僕も同じですよ！　ここからまたさらに羽ばたきたいですね。

和嶋　そうなんです。これでまだゴールじゃないんです。地元の人も応援してくれてるんだなって思ったら、青森への感謝が生まれるようになって。新聞とかが取材に来てくれるでしょ？

じろう　そうですね。二〇一六年に初めて単独ライブをやったんですけど、新聞が三社ぐらい来てくれたし、学生新聞の子も取材してくれて、新聞に載りましたよ。

和嶋　新聞に載ったら親が認めてくれるんだよね！　今は青森に対して、感謝の気持ちですよ。青森ならではの経験って、あるからね。田舎者コンプレックスはありました？

じろう　ありましたよ。東京で津軽弁は使いたくなかったですし。芸人って、「特技はありますか？」っていう募集みたいなのがすごい来るんですよ。そういう時も「津軽弁」って書きたくなかったですね。

和嶋　それは確かに特技に入れたくないね。

じろう　でも、ある時から津軽弁もネタに入れるようになって。何がきっかけでそうなったのかわからないけど、どこかで平気になったんですよね。これが僕の原点だから、全部受け入れようって。これで何か面白いことを表現できるのは自分しかいないと思ったんです。そこから津軽弁の良さを採り入れるようになったら、また一つ幅が広がりましたね。

和嶋　僕もコンプレックスがあったな。とにかく、人間椅子というグループ名を英語にしなかったのは、田舎者のコンプレックスが原点なんですよ。ハードロックは好きなんだけど、アルファベットのバンド名にして、いわゆるストレートの王道っていうのが、恥ずかしくてできなかった。結局、自分は田舎者だし、とても関西メタルや東京のバンドの人のようにはできなかったんです。人と違ったことというので、ああいう出し方になったんですよ。そこは鈴木くんも同じで、コンプレックスがあったんで。それが今につながってるんだよね。どうしたって田舎者だし、だったら津軽弁でやろうと。そこは最初から気がついていたんです。

じろう　人間椅子も一つのきっかけになってるんですけど、三味線風にギターを弾くところだったり、歌詞も訛ってるじゃないですか。東京の人には出せないような微妙な発音の仕方だったり。ああいうのを見て、自分が津軽人だっていうのを受け入れて、こういうカッコいい表現をするのもアリなんだなって思いましたね。

和嶋　後々気が付いたんだけど、表現とか芸術っていうのは、ハートから出てくるものじゃないと、絶対に人を感動させられないんだよね。持ってるものを自分なりに消化して、全力で出すといいものが生まれる。それは今、意識してやれるようになりました。行き詰まることがなくなったんです。

じろう　僕らは普通に暮らしてても、三味線の音が耳に入ってくる環境にいましたからね。

和嶋　うん。やっぱり思い出話が多くなっちゃったけど、何か実のあることはしゃべれたかな（笑）。

じろう　とにかく楽しかったですよ（笑）。

シソンヌじろう　1978年7月14日、青森県弘前市生まれ。お笑い芸人。2006年4月、長谷川忍とともにシソンヌ結成。ボケ・ネタ作り担当。キングオブコント2014優勝。2015年には、コントで長年演じている「川嶋佳子」名義での著書『甘いお酒でうがい』を上梓。

〝ロック怪獣道〟と〝老いるショック〟

～対談／みうらじゅん～

みうらじゅん（以下、みうら）　昔、和嶋くんと研ちゃん（鈴木研一）に案内してもらって、弘前のね〝ぷ〟た見に行ったねぇ。翌日は青森の〝ねぶた〟も和嶋くんとね。

和嶋　僕の率直な感想は、青森のほうが弘前よりも、派手でいいんです（笑）。そりゃ、人来るわと思った。

みうら　「ヤーヤドー」と落ちる弘前と、「ラッセーラー」でアッパーになる青森とでは、真逆の祭りだもんね。でも、弘前のねぷたじゃないと、人間椅子は生まれなかったんじゃないかと思ったよ。ねぶたに描いてある絵にも人間椅子の雰囲気が出てるし。

和嶋　なんだかんだ言って、その影響はあると思いますよ。僕らが青森市出身だったら、もうちょっと売れてたかもしれない（笑）。

みうら　和嶋くんとの出会いはイカ天だったよね。

和嶋　中盤の、一番視聴率が高い頃だったと思うんですよ。その頃、しょっちゅう、イカ天バンドが集まって、特番をやってたんです。その収録の時、僕の斜め前の席にみうらさんがいたんですよ。僕は高校生の頃から毎月『ガロ』を読んでて、みうらさんの漫画も知ってたんで、「友達になりたい！」と思って。直接だと緊張しちゃうから、先に友達になっていたマサ子さんに間に入ってもらって、収録後にしゃべったんです。

みうら　その後、マサ子さんもTHE NEWSもよく家に遊びに来るようになって。

和嶋　なんか青春だったんですよね。お酒じゃなくて、ジュースとかオロナミンCを飲んで。

みうら　そうだよ。あの頃、そんなに酒飲んでないよ。皆でドンジャラしたりね（笑）。

和嶋　ああ、やりましたね！

みうら　オレ、麻雀できないんだけど家を雀荘にしたくて、ドラえもんとかオバQとか、ドンジャラを四卓ぐらい買ったんだよね。オレの部屋でドンジャラやって、「ほのぼの大原家ドーン！」みたいな。

和嶋　そうでした。

みうら　まだファミリーのノリで、酒を飲んでベロベロになったイメージはないけどね。その後、ウチのバンド・大島渚の二枚目のアルバムでは、ほぼ和嶋くんにギターを弾いてもらったり、ライブにもよくゲストで出てもらってたんだよね。その時に和嶋くんが言った「僕、ギター上手いですから」っていうセリフが頭から離れなくて……。さらっと言ったんだよ（笑）。和嶋くんを一番物語ってるセリフだと思うな。自分には「○○得意ですから」って余りなかったんで驚いた（笑）。で、ちゃんと上手いし、いろんな曲にも合わせられるし、人間椅子では自分の世界観がある。バンドブームって、結局、〝バンドのブーム〟であって、〝ロックのブーム〟ではなかったんだよね。バンドを結成したりするブームだったんだよ。「なんか違うなー」って思ったけど、そのなかで、人間椅子一筋な和嶋くんがカッコいいと思った。このダサい日本で生き延びるためには、タレントに行くほうが正解じゃないですか。その一方で、ロックを貫き通す人もいる。そこで思いついたのが、漫画『アイデン&ティティ』だった。あのモデルは和嶋くんとオレのハーフ&ハーフでさ。

和嶋　お互いの家をしょっちゅう行き来してた頃、「今日はどうだった？」って、事細かに聞かれる時があって（笑）。「みうらさん、なんでこんなに聞いてくるのかな？」と思いましたね。

みうら　和嶋くんが今どういう状態になってるのか、情報を得ようとしてたからね（笑）。あの漫画は月々『ガロ』に描いてたんだよ。展開は、現在進行形でいろんなことが起こってる本人に聞かないとわからなかったから。オレがインタビュアーみたいになってね（笑）。

和嶋　僕のしゃべった断片とかが時々セリフに入ってたりするんですよ。今はもう、喜んでキャンペーンをやるんですけど、その頃はCDショップに行って握手したりするのとか、すごいおかしいと思ったんですよ。絶対にミック・ジャガーはこんなことをやらないだろうって。そういうことをしゃべったら、それが漫画になってた（笑）。

みうら　アメリカやイギリスの憧れのロックバンドがやることと、日本のロックバンドがやることには大きな差があるんだよね。演歌寄りの。そこにやっぱり、葛藤があるだろうし。

和嶋　若いから、純粋に葛藤を感じたんです。

みうら　それはよくわかるし、自分もそんなことやりたくないから。そういうところでは、和嶋くんと気持ちは一緒だったと思います。

和嶋　この自伝を書くために、過去のあれこれを思い出したんですけど、僕は男の人が精神的に好きだということに気づきまして……。

みうら　いきなり（笑）。実はオレも完璧に精神的ゲイだから。

和嶋　その時代ごとに、必ず好きな男の人がいて、何年間もしょっちゅう一緒にいるんですよ。

みうら　わかるわかる！

和嶋　多分、みうらさんと僕もその関係になったんですよ。

みうら　オレもそうだよ（笑）。前のアルバムが出た時、届けてくれて――。

和嶋　『未来浪漫派』ですね。

みうら　しこたましゃべって、オレもあん時、確信したよ（笑）。

和嶋　ちょうど恋に悩んでた時だったんで。

みうら　そのテーマでは、そんなに盛り上がらなくてね（笑）。

和嶋　「どうやらこの恋はダメだな」みたいなことになりましたね（笑）。

みうら　明け方、ようやくCDを聴くことになって、プレイヤーに入れて、二人ともそのまま死体みたいに倒れてさ（笑）。

和嶋　多分、CDをかけたままの状態で寝てたんですよね（笑）。あれは幸せな経験でした。

みうら　なんの結論にも至らなかったけどね。和嶋くんが銀色の服を着てステージに出てる時代も面白かったよ。

和嶋　迷走してる時ですね。

みうら　東急ハンズでにわかに作ったような服を着てね（笑）。何年かに一度、ライブを観に行くんだけど、そういう過渡期を見られるのも楽しくて。ファンの人って、ずっと好きで追いかけてるから、地続きに見えてるだろうけど、オレみたいなのがたまに観ると、すごく変わってる感じがするんだよね。研ちゃんに会った時に、悪気はなかったけど、「なんにも変わってないわ!」って言ったら、「嬉しいっす! ヘヴィ・メタルは何も変わらないことが一番いいんです!」っていうから、そうなんだと確信した。そのなかで、多分、和嶋くんは、「変わらなきゃなんない」とかいろいろ考えてたんだと思う。

和嶋　僕は、なんというか、「プログレッシブでいたい」みたいなところがあるんですよ。

みうら　変わるのがいいことなのか、変わらないのがいいことなのか、未だ答えは風に舞ってるけどもね。

和嶋　四十歳を超えて数年経ったら、ようやくスタイルが確立してきたとは思います。それを探す過程だったのかなと。

みうら　その間に、世の中のブームは何周もしたろうね(笑)。オズフェス(OZZ FEST JAPAN)の時に、和嶋くんからハガキをもらって「オズフェスに出るんで、よかったら観に来てください」って、手書きで書いてあった。オレ、ホントにオズフェスって知らなかったんだよ。「小津安二郎の映画フェスに出るのかな？」って思ったの。調べてみたら、オジー・オズボーンのフェスなんだね。「そんな憧れの人に呼ばれて、喜んでるだろうなぁ。遂に来たか！」って、幕張メッセに一人で観に行ったんだよ。着いたら、ちょうど人間椅子が始まる時で、観てるうちに、もう涙が止まんなくなってきて……。遠回りしてここまで来たの知ってるから、すごく嬉しかった。ここが終着点ではないと思ったけど、あれは泣けたね。娘が結婚した時に流した涙と似てたわ（笑）。

和嶋　ありがとうございます！

みうら　最近、和嶋くんが出したエフェクターの本（『和嶋慎治自作エフェクターの書「歪」』）は何だかすごかったよ。本屋に行ったらさ、誰かに見つめられてるような気がして。ふっと見たら、和嶋くんの顔だった。「怪獣になったなぁ！」って思ったよ。あの表紙の写真、怪獣臭がぷんぷんしてたから（笑）。フツーの音楽誌のところに並んでたけど、今の音楽の人って、怪獣の顔目指してないからさ。

和嶋　そうですね。規格内に収まる顔が多いです。

みうら　もうね、和嶋くんの本の表紙、洋泉社の怪獣の本みたいでカッコ良かった。友達が怪獣になっていくのって本当、見てて嬉しいよね。だって、オレら、怪獣になりたいんだもん。

和嶋　みうらさんには「いい顔になった」って概念があるじゃないですか。それを知ってたもんで、あの表紙はきっと喜んでもらえると思ったんです。

みうら　一番初めに会った頃の和嶋くんはかわいかったから。イカ天の時は、それでも、ひねってミッキーマウスのTシャツとか着てたと思うんだけど。

和嶋　ひねってみました（笑）。その後は、ヒゲ生やしたり、宇宙人の恰好をしたり……。

みうら　なんとかして怪獣になろうっていうね（笑）。でも、ある時から、意識しなくなってポーン！　となれたんだと思うよ。意識してる時って、怪獣になれないんだよ。

和嶋　確かに、今はもうメイクしなくても、フッーじゃなくなってると思います。僕の姿って、遠くからわかるらしくて。ほぼ、内田裕也状態なんですよ（笑）。というのも以前、山手通りをバイクで走ってた時に、「二キロぐらい先に、なんか妖怪がいるな」と思って、近づいていくと、内田裕也さんだったんですよ。交差点にいる幽霊のように、その空間からすごく浮いていまして。

みうら　二キロ先からわかるって、さすがだね。
和嶋　見通しのいいところだったら、遠くからでも「裕也さんだ！」ってすぐわかりますよ。
みうら　そんなことがあるんだよね。〝キープ・オン・ロッケンロール〟の〝キープ・オン〟の部分が、人を怪獣にするのかね。〝ロッケンロール〟は誰でも一時期できるけど、〝キープ・オン〟の部分で怪獣になれる人がなかなかいないから。
和嶋　どうやったら怪獣になれるのかっていう方法自体はないんじゃないかなあ……。自分でなってみないと、わからない。自然とそうなるんでしょうね。
みうら　〝ロック怪獣道〟ね。
和嶋　きっとマニュアルはないです。
みうら　和嶋くんの和装には最近、コスプレ感がまったくないもん。
和嶋　だんだん恥ずかしくなくなってます（笑）。全然このままで電車に乗れたりするんで。
みうら　オレも「怪獣になりたい」と思ってずっとやってたんだけどねぇ。羨ましい。若い頃は髪伸ばしてサングラスかけて杖までついたりしてきたけど、そんなに怪獣臭がしなかったんだよ。四〜五年前に朝歯を磨いてる時、鏡に映る顔を見て、ふっと気になったんだ。二日酔いなのかなって。顔を叩いたりしてみたんだけど、二〜三日経っても同じ顔なんだ。「あれ？　オレ、ちょっと怪獣入ってるんじゃないか⁉」って（笑）。

和嶋　みうらさんは、誰が見ても〝みうらじゅん〟という怪獣ですよ（笑）。

みうら　マジか（笑）。あと一年で還暦なんだよ。そりゃ怪獣にもなるわと思った。前は、ものすごく髪を伸ばしてたほうがいいとか思ってたけど、もはや、そこじゃない気がして。

和嶋　そういう細かいところじゃないですね。もう、なんというか、オーラのようなものでしょう。結局、内側から出ちゃうんです。

みうら　隠しても隠しても、出てるもんがあるよね（笑）。近所の道を歩いてたら、警官が来て、「どうしました⁉」ってオレに話しかけるんだよね。なんにもしてないのに。出たな！　と思って（笑）。

和嶋　それは、向こうが出たな！　って思ってますよ（笑）。

みうら　憧れてきた怪獣だったけど、いざ自分がそうなり始めたら、なんか変な感じがしない？

和嶋　そうですね。なりたかったはずなのに。

みうら　もっと嬉しいはずなのに、そんなに嬉しくはないよね。

和嶋　しかも、僕がなりたかったのは、これなのかな？　とか思ったりしますね。だってもう、女にモテるモテないって、関係ないんですよ。

みうら　男としての〝部分〟は、数年前から完璧に〝アガって〟しまってるから（笑）。安齋（肇）さんと温泉に行って、入口に背中向けて入ってたら、後で入ってきたオヤジに「混浴かよ！」って言われてさ。おばさんだと思われたんだね。

和嶋　それは、ある意味、妖怪なんですよ。僕も内田裕也さんを見た時に、もう、おじいちゃんなのかおばあちゃんなのか、わからなかったんですよ。そういう問題じゃなくなってる。

みうら　もののけは、性別を超えるからね（笑）。和嶋くんは、かなり早くからキタな！　と思ったよ。

和嶋　いや、僕はまだ男でいたいですよ！（笑）。

みうら　新宿の厚生年金会館に西城秀樹さんのコンサートを一緒に観に行ったの憶えてる？　オレが〝西城秀樹ロック説〟を『宝島』に書いたら、ヒデキさんの事務所の方から電話がかかってきて、「今度コンサートをやるんで、パンフレットに原稿を書いてください」って言われて、招待されてね。一人で行くのもなんだしなーと思って、なぜか分からないけど、和嶋くんを誘ったんだよ（笑）。で、二人で観に行って、ヒデキさんの楽屋に挨拶に行ったら、「ちょっと、食べに行こうか」って言われて。三人で、ヒデキさんのマネージャーさんが運転するベンツの後ろにオレと和嶋くんが乗って。

和嶋　そうそう！　ヒデキと一緒にベンツに乗って、厚生年金会館のファンの出待ちのなかを通っていったの。

みうら　オレらが乗っているところをファンに見られたんだけど、「いったい何を乗せてるんだ⁉」って思っただろうね（笑）。その後、四谷の焼肉屋さんに連れて行ってもらってね、ヒデキさんが焼いてくれた肉を食べたね。会話がなくなっちゃったけど（笑）。

和嶋　しゃべることがなくて、さすがに行き詰まりましたよ（笑）。とりあえず、ヒデキさんがレインボーのカバーをやられてたから、そういう話を無理矢理に。

みうら　ライブでキング・クリムゾンの「エピタフ」かなんかもやられてたんだよ。その話題が唯一のオレらのネタで、いよいよしゃべることがなくなった時に、和嶋くんが「どんな時に作曲されてるんですか？」って言ったんだよ（笑）。

和嶋　僕、そんなとんちんかんなことを言いましたか！（笑）。おかしいなぁ。そんなこと聞くはずがないのに、なんか言っちゃったんですね。

みうら　とりあえず、言ってみようと思ったんじゃない？（笑）。

和嶋　あのコンサート会場、周りのファンがウワーっと盛り上がるなか、僕とみうらさん、ちっちゃくなってたんですよね。

みうら　問題は、なんで和嶋くんと一緒に行ったかだよね（笑）。オレ、そのほうがおかしいと思ったんだろうなぁ。それで電話したら、「面白そうですね！」ってついてきてくれたんだよ。和嶋くんって、そういうところの柔軟性はあるんですよね。オレもあの時思ったのは、ヒデキさんも怪獣だったってこと。オレらが決してなれないタイプのね。

和嶋　ある一定のレベルを超えると、皆、怪獣になるんですよ。こないだ、東京に出てきてる人たちだけの高校の同窓会があったんです。

みうら　で、行ったの？

和嶋　今まで行けなかったんです。進学校だったから、皆、立派になってるんですよ。バンドが売れない頃は、とてもじゃないけど顔を出せませんでした。ようやくＣＤが売れ出したりして、メシも食えるようになったんで、もう行けるかなと思って。行ってみたら、皆、管理職とかになってて、もうおじさんなわけですよ。実際に話せば高校生の頃のままで、それはとても楽しかったんですが、最後に写真を撮ったら、比喩じゃなく、皆のピントが合ってない感じで、僕だけはっきり写ってるんですよ。

みうら　クックック（笑）。

和嶋　光の屈折率が違うのかなぐらいにびっくりしちゃって。おっさんのなかに怪獣が一人いるみたいな感じです。自分で写真を客観的に見て、そういうふうになったんだなって思いました。これでも、気持ちとしては二十代のままのつもりなんですけどね。

みうら　絶対にそうだと思う。しゃべり方が同じだもん。声はちょっと低くなってるのかもしれないけど、感じは同じだよ。でも、鏡を見たら、どうやら違う人なんだよね（笑）。

和嶋　なんだか脱皮したみたいにね。他人と一緒に写ってる写真を見て、ワッと気がついたということなんです。あまりに同級生と外見が違ってて、どこでこんなに差が開いてしまったのかなと。心霊写真みたいに写りが違うんですよ。そんなこともあって、みうらさんに、どう老いるべきかをお聞きしたいところです。

みうら　〝老いるショック〟ねぇ（笑）。本当は望んでたはずなのに、ちょっと老いが入るとショックなことはショックだよね。でも、以前の自分の顔とか、やってたことのほうがいいようには思えないし。

和嶋　思えないですよね！　僕も進歩してるんですよ。ただ、未だに「りんごの泪」って言われますけど（笑）。

みうら　世間ではね。自分は進歩してるつもりだから、ちっとも前に戻りたいという気がない。フツーの〝老いるショック〟って、「若い頃に戻りたいショック」だと思うんですよ。要するに、「あの日に帰りたい」だから。でも、はじめっから、帰りたくないいんだよね。

和嶋　そうなんですよ。僕としては、今、老いてる気もしないし、老いる気もしないんですよ。

みうら　ないない。本当に老いてる人は、多分、〝老いるショック〟なんて言わないよ。三十〜四十代って、そんなに変化ないけど、ある時からガンガンガンって来るんだよね。

和嶋　僕がよく思うのは、四十一〜四十二歳ぐらいの厄年って一つの境目じゃないですか。その後の人生は、そこでドンと乗り越えるかどうかだよなぁと思うんです。

みうら　昔の人は、そのくらい若くで死んでたしね。そこをサヴァイヴしてからが、かなり長い道だよね。人生短いと思ってるから、前に戻りたいっていう感じがあるけど、和嶋くんは死ぬ気がしないでしょ？

和嶋　してないですね。周りが「大丈夫？　また痩せた？」とか言ってきますけど、本人はいたって健康のつもり。第二の人生がスタートした気がしてるんです。まだまだ、全然楽しいんですよ。

みうら　オレも和嶋くんも、なんとなく予想できるんだけど、百は行くなー（笑）。

和嶋　そうですね。水木しげるぐらいまでやりたいですねぇ。

みうら　（笑）自分で気がつかないだけで、ものすごい長生きするんだと思うよ。老いは恐れることないし、逆に楽しいけどなぁ。

和嶋　そうなんです。だんだんいろいろとわかってくるじゃないですか。例えば、僕とみうらさんにしてみれば、「男が好きだったんだ！」とか、ようやく気がつくようになる。そういうふうに煩悩が一つ減ることによって、ますます精進できるわけですよ。

みうら　他のことに精進できるんだよね。そういうことで悩んでたりしたわけだから。一般の悩みがなくなったことは、一番いいですよね。

和嶋　そうですよ。だから、歳とるのは悪いことじゃないですよ。

みうら　怪獣にとっては、ベストですよ！

みうら　前に対談した時、和嶋くんが飲み屋でオレにおごるのが夢だって言ってくれて、そのあと実際におごってくれたんだよね（笑）。涙出そうになっちゃったよ。そんなことが夢って言ってる人がいるかって話だよ。その対談の前にちょっとだけ呑んだ時に、「みうらさん、いつか僕はおごりたいんです！」って言ってたから、「おかしい話してんな！」とは思ったけどね。

和嶋　二十年ぐらいおごるって言い続けてましたからね。

みうら　そんな人はいないよ（笑）。それを忘れないでいてくれるって、すごいじゃん。

和嶋　金額の重さじゃなくて、おごるという行為の重さがあるんですよねぇ。二十年越しの夢だったんです。

みうら　すごい嬉しかったよ！

和嶋　ようやく飯を食えるようになったら、人におごり癖がついちゃって。おごると、世の中から何か返ってくるんだなっていうことに気がつきました。

みうら　そうそう、和嶋くんから返ってきたもん。おごらない人には一生返ってこない。おごるのも快楽の一種で、だんだん気持ち良くなってくるんだよね。「あぁ、支払いはいいから！」とか言ってる時も、実はもう満面の笑みでね。「あぁ、俺が払います！」とか、今の若い人、言わない人がいるから。誰が払ったのかわからないまま飲み屋を出る時が、一番嫌なんだけどね（笑）。

和嶋　ああ、よくある話です。おごられたら、申し訳ないとか、感謝の気持ちが湧かないと。それで、人におごるとまた嬉しいわけですよ（笑）。

みうら　実は煩悩だよね。

和嶋　ですね。でも、得したとか、そういうことでもないんですよね。いつか返さなきゃって。

みうら　嬉しかったというか、少し変な感じだけど……。それは最初に言った、男が好きだからだよ。好きな男の人におごってもらうってことが嬉しいんですよ。好きな人が一生懸命、お金を貯めて自分におごってくれたんだよ。そんなの、嬉しいに決まってるじゃん！

和嶋　僕、エラそうに「お金持ってきましたよ！」って言ってましたからね（笑）。話は飛びますが、お金のなかった学生の頃、五百円が空から降ってきたことがあって。あと五百円あれば田舎に帰れるっていう状況で、三軒茶屋を歩いてたら、なんか目の前がキラッと光ったんです。チャリーンって音がしたから、見てみたら、空から落ちてきた五百円玉があったんです。それで田舎に帰れましたよ。時々そういう不思議なことがあるんで、誰かが「頑張って活動しろ」って言ってるような気がするんですよ。
みうら　昔、根本敬さんがいい話してくれたんだけど、自動販売機でジュースを買う時、おつりを取らないんだって。ホームレスの人への賽銭箱だと思ってるから。そういうふうに、与えてる側の人もいるんじゃない？
和嶋　僕は悩んでた頃、ホームレスにシンパシーを感じてまして。完全にアウトローになっちゃった人たちなんですけど、同じ人間だし、一緒に座り込んで呑んだりしてね。この目線を忘れないようにしたいって思ったんです。
みうら　それはもう、一遍とか空也とかがやってることだね。
和嶋　僕もあんまりお金なかったけど、彼らにお金あげたりしましたね。
みうら　そこであげたお金が、時代をさかのぼって目の前に落ちてくるんじゃないの？（笑）。
和嶋　そうなんですかね（笑）。あるホームレスの人がお返しに、なけなしのワンカップをくれたことがあるんです。黄ばんだ、絶対に飲んだらマズそうなやつを段ボールの隅から出してきて。ありがたくもらったんだけど、そのおじさんの愛情がこもってるから、未だに飲めないんですよ。

みうら　聖水だもんね。

和嶋　本当に。こういう話なら、僕、いくらでもありますよ！　貧乏な頃に、金のないのがありありと顔に出てるわけですよ。デビューして数年後ぐらいに、渋谷のエッグマンで大晦日のオールナイトイベントに出たんです。出番までまだ時間があったから、近所の公園でタバコ吸ってぼーっとしてたら「あっ！　こっちです！　こっちです！」って言われるわけ。なんだろなーと思ったら、ホームレスの炊き出しだった（笑）。「ここで食べれますんで」って言われたんです。よっぽどそこで食って、ライブやろうかなと思ったんですけど、ここで食べたらホントに仲間入りするなぁと思って、「結構です」って断りましたね。

みうら　あっちにしてみたら、施しだったたんだけどね。

和嶋　申し訳ないことをしましたね。今なら多分、食ってます（笑）。その時は若いから、「俺はまだ違うんだ！」っていうのがあったんですね。

みうら　今の和嶋くんの状態で道に座ってたら、ホームレスでもない、何か違うものになってるオーラがあるでしょ。顔に金がない感じはないもん。

和嶋　当時は炊き出しをやってる人に、お金がないのを一発で見抜かれましたが

(笑)。さっきのワンカップのおじさんの話に戻りますけど、やっぱり、愛のパワーって、すべてを超えるんでしょうね。
みうら　愛って、疑いがないからね。
和嶋　暴力に勝ちますよね。
みうら　オレの頭の中では、ずっと和嶋くんは同じ目線で見てるんだよ。
和嶋　そこは本当にみうらさんに感謝してます。売れてる売れてないにかかわらず、みうらさんは、いつでも対等に接してくれるんです。
みうら　和嶋くんが一度、実家に帰るかもしれないって時だけ、どうしようかなと思った。「趣味が人間椅子」の人なのに、そんなことしたら、やることないだろうなって思って、一応止めたんだよね。
和嶋　そうだったと思います。
みうら　また戻ってきてよかった。
和嶋　僕も頑固だったりして、自分の言った通りにしか動かなかったですからね。弘前に二年ほど帰ってみて、やっぱりダメだと思いました。自分の持ってるものが生かされないまま終わってしまうと思って。
みうら　その頑固さは作るほうだけに向かうようになって、人間的にはなくなってるんじゃないの？　こないだ和嶋くんと呑んだ時、そういうのが一つもないなって感じた。昔は頑固マンだったからね（笑）。

和嶋　自分では気がつかないけど、そうだったんです（笑）。

みうら　なんか、年々それはなくなってきてる。ようやく作品のほうの頑固さに注ぎ込めるようになったんだね。

和嶋　ありがとうございます。きっと、そうです。自分の中で、「世界には柔軟でいよう」って決めたんですよ。否定は一切しないようにしようと思って。

みうら　そこらへんからかな、バーン！　と弾けて。

和嶋　世の中への頑固な態度をやめた途端に、流れが良くなりましたね。自分の作るものに対して頑固でいれば、後はなんの問題もない。僕もいろいろ、みうらさんから学ばせてもらっています。

みうら　いやいや、こちらこそ、いろいろ学ばせてもらってます。オレは昔から和嶋くんとどっか似てるところがあると思い込んでるから。

和嶋　僕も思いましたよ。イカ天で斜め前にみうらさんが座ってるのを初めて見た時に、同じ空気や佇まいを感じたんです。

みうら　あの頃から、和嶋くんのことが好きだったんだ。ようやく告白できたよ（笑）。

みうらじゅん　1958年2月1日、京都市生まれ。イラストレーターなど。武蔵野美術大学在学中に漫画家デビュー。1997年、「マイブーム」で新語・流行語大賞受賞、2005年に日本映画批評家大賞功労賞受賞。『アイデン&ティティ』『色即ぜねれいしょん』『「ない仕事」の作り方』『永いおあずけ』『マイ修行映画』『マイ遺品セレクション』「見仏記」シリーズなど著書多数。

（「特別対談」構成・志村つくね）

あとがき

つくづく、人は人によって作られるのだな、と思います。小学生の時にいじめられていなかったら、たぶん僕はギターを弾いていなかったでしょうし、こうして皆さんにお目にかかることもなかったでしょう。よしんばギターを買ったとしても、たいして練習もせず、今頃は普通のお父さんになっていたと思います。屈折する前の僕は真面目でしたから。僕を表現者の道に歩ませてくれたあの頃のいじめっ子たちに、僕は感謝します。

僕は愛をもって、この本に登場してくる人たちを書きました。みんな、僕を作ってくれた人たちなのです。大乗仏教には、如来、という概念があります。救うためにかくのごとく来る者、です。人は皆、如来の片鱗を持っているのではないでしょうか。そして、相手の中に如来を見るかどうかは、自分次第です。

原稿を書く度に、その当時が思い出され、しばしば筆が止まって僕は泣いてしまいました。なんて悪いことをしたんだろう、なんて僕はわがままだったろう、なんてあの時、苦しかったことだろう。まるで自分の心の中を、旅しているようでした。中学生編では自分が中学生になり、高校生編では高校生の気持ちになりました。外へ空気を吸いに出ても、景色がおかしく見えたものです。

こうした貴重な機会を与えて下さった関係者の皆さんには、感謝の念を禁じ得ません。お陰様で本になりました、ありがとうございます。またこの本を手に取っていただいた皆さん、皆さんがいてこそ、本は出せたのです。この本が皆さんの慰みになりますように。そうして、僕を作ってくれた、この本に登場する人たち、本当にありがとう。

文庫版あとがき

この度KADOKAWAさんから、拙著『屈折くん』が文庫化される運びとなりました。本当に、ありがたい話です。身に余る光栄です。何といっても、手軽に文学に親しめるように、日常に寄り添って本が読めるように、といった意味合いで創案された文庫本の末席に、『屈折くん』が加えられたのですから。ここにあらためて、ご尽力いただいたKADOKAWAの担当の皆様、『屈折くん』を世に送り出していただいたシンコーミュージック、および関係者の皆様に、お礼を申し上げたいと思います。

本書は、人間椅子が二〇一三年のオズフェスに出演したところで終わっています。たまに人から、「続きは書かないんですか」と聞かれることがあります。それに関しては、確かこの本は二〇一七年の初頭に刊行したはずですが、その時点で、続きはない、と思って書きました。なぜなら、本書の主眼は、人間にとっての何よりの宝物は苦労と試練だ、というところにあるからです。たとえは乱暴ですが、桃太郎が鬼から宝物をもらった話の続きを、果たして読みたいでしょうか。たぶん、面白くありません。桃太郎の痛快さは艱難辛苦《かんなんしんく》を乗り越えて鬼退治をするまでにあるのであって、それ以降は、幸せに暮らしましたとさ、でいいんです。僕は、心の中に宝石を持ち得たこと、このことが書ければ、後はもう十分と思ったわけなのでした。

お陰様で、様々のお仕事をいただくようになりました。もちろんすべて順風満帆というわけにはいきませんし、元来怠け者の僕ですから、その度にひいひい言いながら、自分の才能の足りなさに半分泣きながらこなしている次第です。いわば苦労と試練が別の形でやって来ている恰好ですが、しかしまた幸せを感じないわけでもありません。このあたりの消息は、自営業の方なら、いやお勤めの方でも分かっておられる筋は多いでしょうが、自分に出来ない仕事など金輪際来はしません。仕事、物事、こういったものは自分で何とか処理出来る範囲内のものが来ることになっているようです。うわあ、ちょっと無理だよ、そう見えたとしても、肝はその、ちょっと、なのです。ちょっと頑張れば、その人が克服出来る物事しか訪れません。そしてやりおおせた暁には、さらに幸せを深く感じられるようになっているのだと思います。僕にしても、鬱屈していて貧乏だった頃、本を書きましょうなんて話は来たためしがありませんでしたし、心に宝石が見つかったからこそ、ではそれを世に出してみませんかと、『屈折くん』の企画が持ち上がったのだと思っています。

凡夫である我々には、やはり何らかの努力、労苦が必要なのではないでしょうか。僕が勝手に「おいしいトマト理論」と呼んでいるものがあります。あえて水を少なくやったり、過酷な環境に置いた方がトマトはおいしくなるらしいのですが、それを敷《ふ》衍《えん》する考え方です。自然を見てください。木々も、獣も、鳥も、昆虫も、それぞれの生態に従って、不平不満を言うでもなく、粛々と日々を暮らし、生命をまっとうしています。えっ、こんな面倒くさいことを、と目を疑うようなことを、黙々と律儀に実行しています。楽しているものなどいません。そして、生きることを謳歌しているように見えます。片や動物園の動物はどうでしょうか。関係者の方々には申し訳ないのですが、どうも無気力に、命を放棄しているように見えなくもありません。

人間にとって厄介なのは、知恵と欲です。ここを小賢《こざか》しく発動させると、言い訳をしたり、苦労を避けたり、結局生き物として堕落する結果に終わる気がするのです。まずいトマトでいいならそれも仕方のないことですが、おいしいトマトになりたいんだったら、そしてそれが生を受けたものの唯一の意義だと信じていますが、苦しみにへこたれず、喜んで苦労すべきだと思うのです。

こういう言い方をするのはいたずらに不安をあおるようで心苦しいのですが、我々は今確かに大変な時代に生きています。どうかご自身の頭で考えて（小賢しくではなく）、道を選んでいってください。謙虚に。他人を攻撃したりせず。頭で考えて迷った時は、自分の心に聞いてみてください。そこに到達するのは相当に困難ですが、人間が人間である限り、答えはすべての人の心の中にあります。我々はまぎれもなく、木々や獣や鳥や昆虫と同じ、地球の生き物なのですから。

閑話休題。楽しい話を書きましょう。趣味の話で恐縮です。『屈折くん』をものするにあたって、これはいわば自分の青春物語ですから、往年の気持ちをよみがえらせるべく、僕は一台のオートバイを買ったのでした。スズキの１２５cc。これが予想以上に面白く、すっかり原稿そっちのけで乗り回してしまい、結果締め切り地獄に自らを落とし込んでしまったわけですが、さてバイク熱は一向に冷める気配とてありません。ありがたいことに生活に余裕も生まれて、今やスズキ五台、ホンダ一台のバイク持ちとなりました。正直、仕事よりもバイクに乗ることに忙しい今日この頃です。これを、本末転倒といいますね。

続閑話休題。不思議な話を書きましょう。『屈折くん』には、ＵＦＯやらトキの話やら、非日常のことどもがしばしば出てきますが、執筆後もそれらは僕の周りに頻出しています。むしろ、自身の心と対話が出来た経験以降、さらに増えた気がしないでもありません。いくつか書き出してみます。

・

アルバム『怪談　そして死とエロス』キャンペーン時のこと。ラジオ出演を終えて、助手席に鈴木君、運転席に僕で、夜の環七を車で走っていました。世田谷方面から杉並へ、ちょうど甲州街道の交差点を過ぎました。と、車がビュンビュン走る中、右側からゆっくり道路を横切る男がいます。横断歩道などない場所をです。「危ない」僕はとっさにハンドルを切ってよけ、鈴木君にその無謀な男の存在を知らせますが、彼には見えていない様子。なるほどほかの車も気づいていない風なのですが、僕の車のバックミラーには、冬だというのに薄着の、しかも時代遅れの昭和の恰好をした、やせぎすの中年男が悠然と環七を渡る姿が、やはりはっきりと映っているのでした。その夜、ショットバーでとある商店主とお酒を飲みました。すると、その商店主も、夕方銀座で、まったく同じ背恰好の男を轢きかけたとのこと。怪談。

空前のキャンプブームになっていますが、それ以前からソロキャンプを始めていたのが僕の密かな自慢。数年前、奈良県の山中で野営をしました。風一つない静かな山奥に僕一人。孤独を楽しんでいたのですが、深夜二時過ぎ、恐ろしい暴風に目を覚ましました。オオーンオオーン、まるで何人もの唸り声のような音が、テントをぐるぐる反時計回りに回っています。時とともに激しさを増し、ついには手としか思えないものが伸びて来て、外から僕の頭をぐぐうっと押さえつけます。とても怖くて外の様子など窺えるものではありません。失神しました。翌朝、さぞや外は荒れ果てているだろうとテントから出てみると、葉っぱ一つ落ちていません。その日、僕は尼崎に用事がありました。先方が開口一番、「和嶋さんどうしました。顔が傷だらけですよ」。かまいたち、ということで見解の一致を見ました。

アルバム『苦楽』の制作期間中。作曲に行き詰まった僕は、夜、バイクで近隣の森を流していました。信号が赤に変わり、僕は先頭で停車。突然、右側の森から光る何かが下りてきます。青白く発光する円盤状のそれは、見たこともない代物ですが、なぜかお金としか思えません。直径二十センチくらい、凹凸のある地面を生き物のように倒れもせず、くるくると回転していきます。やがて左の森に消えていきました。帰宅後調べましたが、どうも金霊《かなだま》に思われます。アルバムはきっと完成する、曲が出揃ってもいないのに、一行も詞を書けていないのに、僕はそう確信するのでした。

とりとめもなくあとがきを書かせていただきました。苦労が幸せだと分かったり、一方では不思議なことに遭遇したり、つくづく人生は捨てたものじゃないと思います。本書が、皆さんの生きる上での、何かしらのヒントになることを願ってやみません。最後に。重ね重ねになりますが、お礼を述べさせてください。幼少期をともに過ごしたお姉さん、ありがとうございます。後何十年か、不肖の弟をよろしくお願いします。

鈴木君、ノブ君、ずっと僕と付き合ってくれて、本当に感謝しています。これからも、楽しくて面白くて恐ろしいことを、一緒にやっていきましょう。

年譜

昭和四〇年（一九六五）

一二月二五日、青森県弘前市御幸町一七番地五号に、父秀美、母利子の長男として生まれる。父は中学の国語教師、母は高校の化学教師。和嶋家は代々津軽藩に仕える武士であった。家族構成は、祖父秀夫（小学校校長として退職）、祖母つね、五歳年上の姉聡子を加えた六人。

昭和四五年（一九七〇）　五歳

四月、みどり保育園に入る。

昭和四七年（一九七二）　七歳

四月、弘前市立第二大成小学校入学。翌年二月、祖父秀夫没。これ以降、当主として弘前で生きることに疑問を抱く。高学年になり、卓球部に入る。同じ頃より、学内のいじめに遭う。六年生、姉聡子の借りてきたビートルズのレコードに感激する。

昭和五三年（一九七八）　一三歳

四月、弘前市立第三中学校入学。遅刻多し。運動が不得手だったため、図書局に入る。二年生になり、ギターの猛練習を始める。三年生、写生大会で描いた絵が市長賞を取る。

昭和五六年（一九八一）　一六歳

四月、青森県立弘前高等学校入学。友人との付き合いで空手部に入る。二年生、学級内で、屈折のあだ名がつく。弘前市松原東に転居。三年生、鈴木研一らと、バンド「死ね死ね団」を結成。同年秋、UFOが部屋に訪れる神秘体験をする。卒業時点での成績は劣等。

昭和五九年（一九八四）　一九歳

四月、宮城県仙台市の文理予備校に入る。

昭和六〇年（一九八五）　二〇歳

四月、駒澤大学仏教学部仏教学科入学。仏教青年会に入る。三年生になり、参禅部と交友を図る。大学入学時より、鈴木研一らとコピーバンドを結成。後にバンド名を「人間椅子」と改名。

平成元年（一九八九）　二四歳

五月、TBS系列のテレビ番組『三宅裕司のいかすバンド天国』に出演。鈴木のねずみ男の扮装などにより、好評を博す。

平成二年（一九九〇）　二五歳

七月、メルダックより、デビューアルバム『人間失格』を発表。セールスは好調。

平成五年（一九九三）　二八歳

一〇月、四枚目のアルバム『羅生門』発表。メルダックとの契約解除。これよりアルバイト生活に入る。東京都杉並区阿佐谷南三丁目の弁当配達店で働く。

平成八年（一九九六）　三一歳

新宿区住吉町のパソコンリース会社で働く。
九月、ポニーキャニオンより『無限の住人』発表。
冬、父危篤の報に弘前へ戻る。

平成九年（一九九七）　三二歳

二月、父秀美没。弘前市内のライブハウス、MAG-NETを手伝う。

平成一一年（一九九九）　三四歳

三月、メルダック復帰第一作、『二十世紀葬送曲』発表。
四月、結婚。千葉県鎌ケ谷市に居を構える。
一二月、祖母つね没。

平成一三年（二〇〇一）　三六歳

四月、離婚。杉並区高円寺南二丁目に転居。北区上中里の弁当配達店で働く。
九月、『見知らぬ世界』発表。

平成一六年（二〇〇四）　三九歳
九月、ドラマーがナカジマノブに替わり、『三悪道中膝栗毛』発表。
新宿区弁天町の弁当配達店で働く。

平成一八年（二〇〇六）　四一歳
二月、『瘋痴狂』発表。
極貧になり、埼玉県新座市の日販ねりま流通センターで働く。

平成二一年（二〇〇九）　四四歳
一一月、『未来浪漫派』発表。
一二月、長かったアルバイト生活に自らピリオドを打つ。高円寺南一丁目に転居。

平成二五年（二〇一三）　四八歳
四月、高円寺から離れ、楽器可のマンションに移る。
五月、オズフェス・ジャパン２０１３に出演。
八月、『萬燈籠』発表。

平成二八年（二〇一六）　五一歳
二月、『怪談　そして死とエロス』発表。
多忙になる。

平成二九年（二〇一七）　五二歳
二月、ライブアルバム『威風堂々～人間椅子ライブ!!』（ＤＶＤ付）発表。
一〇月、オリジナルアルバムとしては二〇枚目にあたる『異次元からの咆哮』発表。ジャケットのねぶた絵は、郷土のねぶた絵師三浦呑龍さんによるもの。

平成三〇年（二〇一八）　五三歳
ＢＳジャパン連続ドラマＪ『三島由紀夫　命売ります』の主題歌を担当。
四月、キャリアを全網羅する初のＭＶ集『おどろ曼荼羅～ミュージックビデオ集～』（Ｂｌｕ－ｒａｙ／ＤＶＤ）発表。

令和元年（二〇一九）　五四歳

六月、アルバム『新青年』（通算二一枚目）発表。過去最高のオリコン順位を記録し、リード曲『無情のスキャット』のMVがYouTubeで世界的に話題となる。

一二月、デビュー三〇周年記念ベスト盤『人間椅子名作選　三十周年記念ベスト盤』を発表しツアーファイナルとして、バンド初の中野サンプラザホールでのワンマンをソールドアウト。

令和二年（二〇二〇）　五五歳

二月、ドイツ二公演、イギリス一公演の、ヨーロッパワンマンツアーが大盛況のうちに終了。

四月、TVアニメ『無限の住人－IMMORTAL－』第二クール主題歌を、書き下ろしの新曲『無限の住人　武闘編』にて担当。

九月、『映画　人間椅子　バンド生活三十年』が全国公開される。

同月より、全国の書店で「人間椅子が選ぶ講談社文芸文庫フェア」が開催される。

令和三年（二〇二一）　五六歳

六月、『映画　人間椅子　バンド生活三十年』（Blu-ray／DVD）発表。

同月、全国公開ロードショー映画『いとみち』の挿入歌に、「エデンの少女」（『見知らぬ世界』収録）が起用される。

八月、オリジナルアルバム『苦楽』（通算二二枚目）発表。「苦楽　～リリース記念ワンマンツアー～」（全一四公演）開催。

令和四年（二〇二二）　五七歳

四月、「『踊る一寸法師』再発記念ワンマンツアー」（全七公演）開催。

本書は、二〇一七年三月に株式会社シンコーミュージック・エンタテイメントより刊行された単行本を加筆修正の上、文庫化したものです。

屈《くつ》折《せつ》くん

和《わ》嶋《じま》慎《しん》治《じ》

令和４年　９月25日　初版発行
令和６年 11月30日　再版発行

発行者●山下直久

発行●株式会社KADOKAWA
〒102-8177　東京都千代田区富士見2-13-3
電話　0570-002-301（ナビダイヤル）

角川文庫 23330

印刷所●株式会社KADOKAWA
製本所●株式会社KADOKAWA

表紙画●和田三造

ISBN 978-4-04-112920-3　C0195

◆◇◇

角川文庫発刊に際して

角　川　源　義

第二次世界大戦の敗北は、軍事力の敗北であった以上に、私たちの若い文化力の敗退であった。私たちの文化が戦争に対して如何に無力であり、単なるあだ花に過ぎなかったかを、私たちは身を以て体験し痛感した。西洋近代文化の摂取にとって、明治以後八十年の歳月は決して短かすぎたとは言えない。にもかかわらず、近代文化の伝統を確立し、自由な批判と柔軟な良識に富む文化層として自らを形成することに私たちは失敗して来た。そしてこれは、各層への文化の普及滲透を任務とする出版人の責任でもあった。

一九四五年以来、私たちは再び振出しに戻り、第一歩から踏み出すことを余儀なくされた。これは大きな不幸ではあるが、反面、これまでの混沌・未熟・歪曲の中にあった我が国の文化に秩序と確たる基礎を齎らすためには絶好の機会でもある。角川書店は、このような祖国の文化的危機にあたり、微力をも顧みず再建の礎石たるべき抱負と決意とをもって出発したが、ここに創立以来の念願を果すべく角川文庫を発刊する。これまで刊行されたあらゆる全集叢書文庫類の長所と短所とを検討し、古今東西の不朽の典籍を、良心的編集のもとに、廉価に、そして書架にふさわしい美本として、多くのひとびとに提供しようとする。しかし私たちは徒らに百科全書的な知識のジレッタントを作ることを目的とせず、あくまで祖国の文化に秩序と再建への道を示し、この文庫を角川書店の栄ある事業として、今後永久に継続発展せしめ、学芸と教養との殿堂として大成せんことを期したい。多くの読書子の愛情ある忠言と支持とによって、この希望と抱負とを完遂せしめられんことを願う。

一九四九年五月三日